ENGLANDS KOMPLETTA REGIONAL KOKNING

100 beprövade recept från Englands rika kulinariska gobeläng

Siv Current

Copyright Material ©2024

Alla rättigheter förbehållna

Ingen del av denna bok får användas eller överföras i någon form eller på något sätt utan korrekt skriftligt medgivande från utgivaren och upphovsrättsinnehavaren, förutom korta citat som används i en recension. Den här boken bör inte betraktas som en ersättning för medicinsk, juridisk eller annan professionell rådgivning.

INNEHÅLLSFÖRTECKNING _

INNEHÅLLSFÖRTECKNING _ 3
INTRODUKTION 7
FRUKOST 8

   1. KLASSISK KORV- OCH ÄGGMUFFIN 9
   2. ENGELSKA HAVREGRYN 11
   3. ENGELSK FRUKOST 13
   4. ENGELSK OMELETT 15
   5. ENGELSKA POTATISPANNKAKOR 17
   6. WICKLOW PANNKAKA 19
   7. TRADITIONELL ENGELSK FRUKOST 21
   8. ENGELSK FRUKOST SCONES 23
   9. ENGELSK FRUKOSTKORV 25
   10. ENGELSK POTATIS BOXTY 27
   11. ENGELSKA DJÄVULSKA ÄGG 29
   12. ÄGGSALLADSSMÖRGÅSAR 31
   13. SKOTSKA ÄGG 33
   14. VEGETARISK ENGELSK FRUKOST 35
   15. RÖKT LAX OCH AVOKADOTOAST 37

APTITRETARE OCH MELLANMÅL 39

   16. SVART PUDDING 40
   17. ENGELSK PUB OST DIPP 42
   18. ENGELSKA KAFFEMUFFINS 44
   19. REUBEN-TOPPADE ENGELSKA NACHOS 46
   20. GUINNESS KONSERVERAD NÖTKÖTTSREGLAGE 49
   21. GUINNESS GLASERADE KÖTTBULLAR 51
   22. ENGELSKA PUBBRÖD 53
   23. ENGELSKA KORVRULLAR 56

SCONES OCH BRÖD 59

   24. SALTA OSTSCONES 60
   25. ENGELSKT SODABRÖD 62

26. Engelskt vetebröd 64
27. Engelska eller Dublin Pjoska med 66
28. Engelskt Bröd Med Gräddfil 68
29. Engelsk Farmhouse Limpa 70
30. Engelska havregrynsbröd 72
31. Engelskt yoghurtbröd 74
32. Engelskt fullkornssodabröd 76
33. Engelskt Ölbröd 78
34. Engelskt Barmbrack Bröd 80
35. Engelskt fräknebröd 82
36. Kryddbröd 84

HUVUDRÄTT _ 86

37. Engelska mästaren 87
38. Colcannon Med Kål Eller Grönkål 89
39. Kyckling Och Purjolökspaj 91
40. Dinkel Och Purjolök 93
41. Torsk Med Saffran Och Tomater 95
42. Duva Och Stout 97
43. Lamm Varm gryta 99
44. Kycklingbuljong med många goda saker 101
45. Kål Och Bacon 103
46. Bakad fylld sill 105
47. Bräserad selleri 107
48. Fem KryddskorpaLax Med Surkål 109
49. Heta smörade musslor 111
50. Engelsk kanelpotatis 113
51. Engelsk Länd Av Fläsk Med Citron Och Örter 115
52. Engelskt Fläsk I Stout Med Kryddor 117
53. Forell bakad engelsk stil 119

GRYTOR OCH SOPPA 121

54. Engelsk lammgryta 122
55. Bakad palsternacka i engelsk stil 124
56. Engelsk SkaldjurChowder 126
57. Kycklinggryta Med klimpar 128
58. Grädde Av Musselsoppa 131

59. Färsk ärtsoppa 133
60. Omedelbar engelsk kräm av potatissoppa 135
61. Rova Och Baconsoppa 137

EFTERRÄTT 139

62. Schwarzwald skomakare 140
63. Äppelcrisp 142
64. Blandad bärskomakare med sockerkex 144
65. Mini citrondrickstårta 147
66. Rubin tekex 149
67. Sandkakor 152
68. Jordgubbe Eton Mess 154
69. Passionsfrukt Posset 156
70. Klassisk Banoffee På 158
71. Banoffee Ostkaka 160
72. Engelsk gul man 162
73. Fudge Pudding Med Hasselnötter Och Frangelico Grädde 164
74. Stekt rabarber 166
75. Carrageen Moss Pudding 168
76. Bröd Och Smör Pudding 170
77. Brända apelsiner 172
78. Engelsk gräddtårta 174
79. Torsk Skomakare 176
80. Glaserad engelsk tekaka 178
81. Engelsk chokladkaka 181
82. Engelsk Coffee Torte 183
83. Engelsk Grädde FrystYoghurt 185
84. Engelsk Kräm PumpaPå 187

DRYCK 189

85. Pimm's Cup 190
86. Fläderblomma Fizz 192
87. Gin och tonic med en vrida 194
88. Svartvinbär Cordial Sparkler 196
89. Earl Grey Martini 198
90. Engelskt kaffe 200
91. Campbells Ginger 202

92. Klassiskt engelskt kaffe 204
93. Kaffe-Äggnugg Punch 206
94. Kahlua kaffe 208
95. Baileys engelska cappuccino 210
96. Bra gammal engelska 212
97. Bushmills kaffe 214
98. Svart engelskt kaffe 216
99. Rom kaffe 218
100. Whiskey Shooter 220

SLUTSATS.. 222

INTRODUKTION

Välkommen till "Englands Kompletta Regional Kokning", ditt kulinariska pass för att utforska 100 beprövade recept från Englands rika kulinariska gobeläng. Den här kokboken är en hyllning till de olika smakerna, traditionella rätterna och det kulinariska arvet som definierar de regionala köken i England. Följ med oss på en resa som sträcker sig bortom den ikoniska fish and chipsen, och bjuder in dig att njuta av de autentiska och anrika recepten som har prydt engelska bord i generationer.

Föreställ dig ett kök fyllt med den lockande doften av rejäla grytor, doftande pajer och söta godsaker inspirerade av de olika regionerna i England. " Englands Kompletta Regional Kokning " är mer än bara en samling recept; det är en utforskning av lokala ingredienser, kulinariska traditioner och regionala specialiteter som gör det engelska köket så mångsidigt och älskat. Oavsett om du har rötter i England eller helt enkelt uppskattar smakerna av brittisk matlagning, är dessa recept utformade för att inspirera dig att återskapa de autentiska smakerna i varje region.

Från klassiska cornish piroger till Yorkshire-puddingar, varje recept är en hyllning till de distinkta smaker och kulinariska tekniker som kännetecknar Englands regionala rätter. Oavsett om du planerar en tröstande måltid för en mysig kväll i eller är värd för en brittiskinspirerad fest, är den här kokboken din bästa resurs för att behärska konsten att engelsk regional matlagning.

Följ med oss när vi korsar Englands olika landskap, där varje skapelse är ett bevis på de unika kulinariska traditioner och beprövade recept som har format landets gastronomiska identitet. Så, ta på dig ditt förkläde, omfamna värmen från engelsk gästfrihet, och låt oss ge oss ut på en läcker resa genom " Englands Kompletta Regional Kokning."

FRUKOST

1.Klassisk korv- och äggmuffin

INGREDIENSER:
- 2 engelska muffins, delade och rostade
- 4 fläskfrukostkorvbiffar
- 2 skivor cheddarost
- 2 ägg
- Smör, för matlagning
- Salta och peppra, efter smak

INSTRUKTIONER:
a) Koka korvbiffarna enligt anvisningarna på förpackningen eller tills de är helt genomstekta.
b) Smält smör på medelvärme i en kastrull.
c) Knäck äggen i pannan och koka till önskad nivå av färdighet. Krydda med salt och peppar.
d) Lägg en korvbiff på den nedre halvan av varje rostad engelsk muffins.
e) Toppa varje korvbiff med en skiva cheddarost.
f) Lägg ett kokt ägg ovanpå osten.
g) Lägg den andra hälften av den rostade engelska muffinsen ovanpå för att skapa en smörgås.

2. Engelska havregryn

INGREDIENSER:
- 4 koppar vatten
- 1 tsk salt
- 1 kopp stålskuren havre (engelsk havre)
- 4 tsk brunt socker

INSTRUKTIONER:
a) Blanda vattnet och saltet i en medelstor kastrull på medelhög värme. Koka upp. Tillsätt havren gradvis under konstant omrörning.
b) Sänk värmen till låg och låt sjuda. Rör om ofta tills vattnet absorberas och havren är krämig, cirka 30 minuter. Dela kokt havre i 4 skålar. Strö 1 tesked farinsocker på varje skål med havre.
c) Servera omedelbart

3.Engelsk frukost

INGREDIENSER:
- 2 skivor engelskt bacon
- 2 Lorne (fyrkantiga) korvar
- 2 stora ägg
- 1 blodpuddingskiva
- 1 vit puddingskiva
- 1 tomat, halverad
- Bakade bönor
- Rostat bröd (valfritt)

INSTRUKTIONER:

a) Koka det engelska baconet i en panna tills det är knaprigt.
b) Koka Lorne-korvarna i samma panna tills de fått färg på båda sidor.
c) Koka blodpudding och vitpuddingskivorna i en separat panna tills de är genomvärmda.
d) Grilla eller stek tomathalvorna tills de mjuknat något.
e) Koka äggen efter eget tycke i en tredje panna.
f) Värm de bakade bönorna i en kastrull.
g) Servera alla komponenter på en tallrik och njut med rostat bröd om så önskas.

4.Engelsk omelett

INGREDIENSER:
- 6 små ägg
- 1 Lg. kokt potatis; mosad
- Pressa citronsaft
- 1 msk hackad gräslök eller salladslök
- Salt och peppar
- 1 msk smör

INSTRUKTIONER:
a) Separera äggen och vispa äggulorna: lägg till potatismoset, blanda noggrant, tillsätt sedan citronsaft, gräslök och salt och peppar.
b) Smält smöret i omelettpannan.
c) Vispa äggvitorna stela och rör ner dem i potatisblandningen.
d) Koka blandningen tills den är gyllene, kör sedan under broilern för att avsluta och puffa upp den.
e) Servera på en gång.

5. Engelska potatispannkakor

INGREDIENSER:
- 1 kopp potatismos
- 2 koppar mjöl
- 1 tsk salt
- 1 msk bakpulver
- 2 uppvispade ägg
- 1 kopp mjölk
- 4 matskedar Lätt majssirap
- 1 matsked Muskotnöt

INSTRUKTIONER:
a) Förvänta dig inte att dessa ska vara som amerikanska pannkakor, men de har en utmärkt smak.
b) Blanda alla ingredienser. Vispa väl. Grädda på en smord galler tills de är bruna på båda sidor.

6.Wicklow pannkaka

INGREDIENSER:
- 4 ägg
- 600 milliliter mjölk
- 4 uns färskt brödsmulor
- 1 msk persilja, hackad
- 1 nypa hackad timjan
- 2 msk hackad gräslök eller salladslök
- 1 x Salt och peppar
- 2 msk smör

INSTRUKTIONER:
a) Vispa äggen lätt, tillsätt sedan mjölk, ströbröd, örter och kryddor och blanda väl.
b) Värm 1 matsked av smöret i en panna tills det skummar, häll sedan i blandningen och koka på låg låga tills det är brunt under och precis stelnat ovanpå.
c) Lägg under grillen till slut.
d) Servera skuren i klyftor med en klick smör på varje portion.

7.Traditionell engelsk frukost

INGREDIENSER:
- 8 skivor engelskt bacon
- 4 engelska korvar
- 4 skivor Blodpudding
- 4 skivor White Pudding
- 4 ägg
- 4 medelstora tomater; Halverad
- 4 Soda Farls
- Salt och peppar efter smak

INSTRUKTIONER:
a) Lägg korven i pannan och stek tills de är bruna på alla sidor. Stek tomater med puddingskivorna i bacondropparna.
b) Värm läskbröd i dropparna tills det är rostat. Koka ägg som du vill och lägg all beredd mat på en tallrik för att serveras varma.
c) Allt kött kan vara stekt, snarare än stekt, men du kommer att förlora smaksättningen från droppen för äggen och sodabrödet.

8.Engelsk frukost scones

INGREDIENSER:
- 1½ kopp fullkornsdegsmjöl
- ⅓ kopp fullkornsmjöl
- ¾ kopp vetekli
- 1 tsk Bakpulver
- 2 msk sojamargarin
- 2 msk majssirap
- 1 dl potatis- eller sojamjölk

INSTRUKTIONER:
a) Blanda torra ingredienser . Tillsätt margarin och blanda väl. Tillsätt sirapen och tillräckligt med mjölk för att göra en lös deg.
b) Vänd upp på mjölat bord och knåda tills det är slätt.
c) Kavla ut till en fyrkant med en tjocklek på cirka ¾ tum.
d) Skär degen på mitten, sedan i fjärdedelar och sedan till åttor.
e) Grädda på lätt mjölat bakbord i 400F i cirka 20 minuter. Kyl på galler. Dela och servera med hel fruktkonserver.

9.Engelsk frukostkorv

INGREDIENSER:
- 2½ kopp färskt vitt bröd c r umbs
- ½ kopp mjölk
- 2½ pund magert fläsk
- 2½ pund Fläskkött eller fet fläskrumpa, kyld
- 1 matsked Plus
- 2 tsk salt
- 2 tsk Nymalen peppar
- 2 tsk timjan
- 2 ägg
- 8 Yards preparerade höljen, ca 4 uns

INSTRUKTIONER:
a) Blötlägg brödsmulorna i mjölken i en medelstor skål. Mal ihop kött och fett, först grovt och sedan fint. Lägg köttet i en stor skål.
b) Tillsätt salt, peppar, timjan, ägg och uppmjukade brödsmulor. Blanda väl med händerna tills det är ordentligt blandat. Arbeta med ungefär en fjärdedel av korvfyllningen åt gången, fyll löst i höljena med korvfyllningen. Nyp och vrid till 4 tums länkar och skär för att separera. Kyl medan du fyller på resterande korvar.
c) ATT TILLAGA: Pricka korvarna överallt för att förhindra att skalen spricker, lägg tillräckligt med korvar i stekpanna för att få plats i ett enda lager utan att trängas. Häll i cirka en halv tum vatten, täck över och låt sjuda på låg värme i 20 minuter. Häll av vätskan och koka utan lock, vänd på dem, tills korvarna fått en jämn färg i cirka 10 minuter. Låt rinna av på hushållspapper och servera varmt.

10.Engelsk Potatis Boxty

INGREDIENSER:
- 1/2 pund / cirka 3 koppar potatis, skalad, kokt och fortfarande varm
- 1/2 tsk salt
- 2 msk smör, smält
- 1/2 kopp universalmjöl

INSTRUKTIONER:
a) Det är viktigt att göra potatiskakorna medan potatisen fortfarande är varm: det gör att du får ett lätt och gott resultat.
b) Ris eller mosa potatisen mycket väl tills det inte finns några klumpar.
c) Blanda potatisen väl med saltet i en skål; tillsätt sedan det smälta smöret och blanda väl igen. Tillsätt slutligen mjölet, arbeta in tillräckligt för att göra en lätt och smidig deg.
d) Vänd ut degen på en lätt mjölad yta och rulla till en ungefär avlång form, cirka 9 tum lång och fyra tum bred och cirka 1/4 tum tjock. Klipp av kanterna tills du har en snygg rektangel: klipp sedan igen så att du har fyra eller sex trianglar.
e) Värm en torr stekpanna eller stekpanna tills den är medelvarm. Grädda sedan farl-trianglarna tills de är gyllenbruna på varje sida. Vanligtvis tar detta cirka fem minuter på varje sida.
f) Lägg de färdiga potatispannkakorna åt sidan på en tallrik täckt med en kökshandduk och fortsätt att grädda dem tills de är färdiga. Vänd sedan handduken över dem för att täcka dem. Den lilla ånga som kommer från dem hjälper till att hålla dem mjuka.
g) Gör sedan din engelska frukost eller Ulster fry, stek farlsna i smöret eller oljan som du använder till resten av rätten. Om du har fler engelska potatispannkakor än du kan använda fryser den väldigt bra: lägg den bara i en Tupperware eller liknande plastbehållare först.

11.Engelska Djävulska ägg

INGREDIENSER:
- 12 hårdkokta ägg
- 2 skivor Corned Beef, tärnad
- 1/2 kopp kål, tärnad
- 1/2 kopp majonnäs
- 2 msk dijonsenap
- Salt att smaka
- Morötter, rivna till garnering
- Persilja, finhackad till garnering

INSTRUKTIONER:
a) Skär hårdkokta ägg på mitten. Ta bort äggulorna och lägg i en skål.
b) Mikrovågsugn kålen i 30 sekunder till en minut tills den har mjuknat.
c) Tillsätt majonnäs och dijonsenap till äggulorna och använd en stavmixer för att blanda äggulor med ingredienserna tills de är krämiga.
d) Tillsätt finhackad corned beef och kål under omrörning i ägguleblandningen tills den är helt blandad.
e) Salt att smaka.
f) Pipa ner blandningen i äggvitehalvorna
g) Garnera med morötter och persilja.

12.Äggsalladssmörgåsar

INGREDIENSER:
- 4 skivor smörgåsbröd
- 2 uns smör att breda på bröd
- 2 hårdkokta ägg
- 1 romsk tomat eller 2 små petite tomater
- 2 salladslökar på Irland
- 2 blad smörsallat
- ⅛ kopp majonnäs
- ⅛ tesked salt
- ⅛ tesked peppar

INSTRUKTIONER:

a) Börja med att förbereda fyllningen till dessa smörgåsar. Halvera tomaterna och gröp ur frön och fruktkött och kassera. Tärna det yttre tomatköttet i ½ cm stora bitar.

b) Skiva salladslöken mycket tunt.

c) Strimla salladsbladen tunt och mosa de hårdkokta äggen.

d) Blanda det mosade hårdkokta ägget, tärnade tomater, salladslök, sallad och majonnäs.

e) Krydda fyllningen med salt och peppar efter smak.

f) Mosat hårt kokt ägg, salladslök, sallad, tomat och majonnäs för äggsalladssmörgåsfyllning

g) Smörj varje par brödskivor på de rörande, matchande sidorna.

h) Dela fyllningen i två och bred över den smörade sidan av två brödskivor. Toppa varje smörgås med dess parade smörbrödskiva.

i) Skär bort den övre skorpan på varje smörgås. Dela i fyra trianglar genom att skära varje smörgås med två korsande diagonala snitt.

j) Lägg upp på en smörgåsplatta och servera med varmt te och en sida med chips eller chips.

13.Skotska ägg

INGREDIENSER:
- 6 stora ägg
- 1 pund (cirka 450 g) korvkött (fläsk eller en blandning av fläsk och nötkött)
- Salt och svartpeppar efter smak
- 1 kopp universalmjöl, för muddring
- 2 stora ägg, vispade (för överdrag)
- 1 kopp ströbröd
- Vegetabilisk olja, för stekning

INSTRUKTIONER:
HÅRDKOKA ÄGG:
a) Lägg äggen i en kastrull och täck dem med vatten.
b) Koka upp vattnet, sänk sedan värmen och låt sjuda i cirka 9-12 minuter.
c) När de har kokat kyler du äggen under kallt rinnande vatten och skalar dem.

FÖRBERED KORVBLANDNING:
d) Krydda korvköttet med salt och svartpeppar i en skål.
e) Dela korvköttet i 6 lika stora delar.

VINDA ÄGG:
f) Platta till en del av korvköttet i handen.
g) Placera ett skalat hårdkokt ägg i mitten och forma korvköttet runt ägget, se till att det är helt täckt.
h) Rulla varje korvtäckt ägg i mjöl, skaka av eventuellt överskott.
i) Doppa det mjölade korvtäckta ägget i de vispade äggen för att säkerställa en jämn beläggning.
j) Rulla ägget i ströbröd tills det är helt täckt.

STEK DE SKOTTSKA ÄGG:
k) Värm vegetabilisk olja i en fritös eller en stor, djup panna till 350°F (180°C).
l) Lägg försiktigt de belagda äggen i den heta oljan och stek tills de är gyllenbruna, vänd då och då för jämn tillagning.
m) Ta bort och lägg på hushållspapper för att rinna av överflödig olja.
n) Låt de skotska äggen svalna något innan servering.
o) Skär dem på mitten för att avslöja den läckra korven och äggen.
p) Servera med senap, ketchup eller din favoritdippsås.

14.Vegetarisk engelsk frukost

INGREDIENSER:
- 4 ägg
- 1 dl knappsvamp, skivad
- 2 tomater, halverade
- 2 koppar hash browns (köpta i butik eller hemgjorda)
- 1 burk bakade bönor
- Salta och peppra, efter smak
- Smör, för matlagning

INSTRUKTIONER:
a) Värm de bakade bönorna i en kastrull på medelvärme.
b) Fräs svampen i smör tills den är gyllenbrun i en stekpanna.
c) Koka hash browns enligt anvisningarna på förpackningen.
d) Koka de halverade tomaterna i en separat panna tills de mjuknat något.
e) Förbered äggen i önskad stil (stekta, förvrängda eller pocherade).
f) Krydda äggen med salt och peppar.
g) Lägg alla kokta ingredienser på en tallrik.
h) Servera med en sida av rostat bröd eller grillat bröd.

15. Rökt lax och avokadotoast

INGREDIENSER:
- 4 skivor fullkornsbröd
- 150g rökt lax
- 1 mogen avokado, skivad
- 4 pocherade ägg
- Färsk dill, till garnering
- Citronklyftor, till servering
- Salta och peppra, efter smak

INSTRUKTIONER:
a) Rosta skivorna av fullkornsbröd efter eget tycke.
b) Lägg skivor av rökt lax på varje rostat bröd.
c) Toppa med skivad avokado.
d) Pochera äggen till önskad nivå av färdighet.
e) Lägg ett pocherat ägg ovanpå varje rostat bröd.
f) Krydda med salt och peppar.
g) Garnera med färsk dill.
h) Servera med citronklyftor vid sidan om för en citrusig touch.

APTITRETARE OCH MELLANMÅL

16. Svart pudding

INGREDIENSER:
- 1 pund Grislever
- 1½ pund Osmält ister, hackat
- 120 vätska ounce Grisblod
- 2 pund brödsmulor
- 4 uns havregryn
- 1 medelstor lök, hackad
- 1 tsk salt
- ½ tsk kryddpeppar
- 1 Nötköttstarm

INSTRUKTIONER:
a) Koka levern i kokande saltat vatten tills den är mjuk. Ta bort levern och hacka. Reservera matlagningssprit. Blanda alla ingredienser i en stor skål. Rör om ordentligt tills det blandas. Fyll höljena med blandning. Knyt av i enfotsöglor. Ånga i 4-5 timmar.

b) Låt stå kallt. Skär i ½ tums skivor efter behov och stek i hett fett på båda sidor tills de är knapriga.

17.Engelsk Pub Ost dipp

INGREDIENSER:
- 14 uns engelsk cheddar
- 4 uns färskost
- 1/2 kopp lätt engelsk öl (Harp Lager)
- 1 vitlöksklyfta
- 1 1/2 tsk mald senap
- 1 tsk paprika

INSTRUKTIONER:
a) Bryt cheddarn i bitar och lägg i matberedaren. Pulsera för att bryta upp cheddarn i små bitar.
b) Tillsätt färskost, öl, vitlök, mald senap och paprika. Puré tills det är helt slätt. Skrapa skålens sidor och puré igen om det behövs. Servera med pitabröd, bröd, kex, grönsaker eller äppelskivor.

18.Engelska kaffemuffins

INGREDIENSER:

- 2 koppar mjöl
- 1 msk Bakpulver
- ½ tsk salt
- ½ kopp socker
- 1 ägg, vispat
- ⅓ kopp smör, smält
- ½ kopp Tung grädde, ovispad
- ¼ kopp engelsk whisky
- ¼ kopp kaffelikör

INSTRUKTIONER:

a) Värm ugnen till 400 F.
b) Sikta de första 4 ingredienserna tillsammans.
c) Rör i resten av ingredienserna tills det är fuktigt .
d) Fyll papperslädda muffinsformar fulla och grädda i cirka 20 minuter.

19.Reuben-Toppade engelska Nachos

INGREDIENSER:
THUSAND ISLAND DRESSING:
- 2 1/2 matskedar fettfri vanlig grekisk yoghurt
- 1 1/2 msk ketchup
- 2 tsk söt pickle relish
- 3/4 tesked vit vinäger
- 1/4 tsk varm sås
- 1/8 tsk vitlökspulver
- 1/8 tsk lökpulver
- 1/8 tsk kosher salt

POTATISAR:
- 1 1/2 pund rostad potatis, skurad
- 1 msk extra virgin olivolja
- 3/4 tsk vitlökspulver
- 3/4 tsk lökpulver
- 3/4 tesked kosher salt
- 1/8 tsk svartpeppar

REUBEN TOPPING:
- 3 uns extra magert deli corned beef, hackad
- 1 kopp strimlad schweizisk ost med reducerad fetthalt
- 1/4 - 1/3 kopp surkål, avrunnen
- finhackad persilja (om så önskas), till garnering

INSTRUKTIONER:

a) Värm ugnen till 475ºF.
b) ingredienserna till dressingen i en medelstor skål Grekisk yoghurt, ketchup, relish, vinäger, varm sås, 1/8 tesked vitlökspulver, 1/8 tesked lökpulver och 1/8 tesked koshersalt. Täck över och kyl tills det behövs (kan göras upp till cirka två dagar framåt).
c) Skär potatis jämnt i 1/8" tjocka skivor. (Du kan använda en mandolin för detta om du vill, men jag använder en kockkniv. Oavsett vilket, nyckeln är att skära dem väldigt jämnt så att de bakas jämnt.)
d) I en stor skål, släng potatisskivorna med olivolja tills de är jämnt belagda. Strö potatis med 3/4 tesked vitlökspulver, 3/4 tesked lökpulver, 3/4 tesked kosher salt och svartpeppar. Rör om igen för att vara säker på att kryddorna fördelas väldigt jämnt. Du kanske upptäcker att det är enklast att göra detta med händerna, snarare än en blandningssked.
e) Lägg potatisskivorna på två bakplåtspappersklädda plåtar, sprid ut dem och se till att de inte rör eller överlappar varandra.
f) Grädda potatisskivor i 12-14 minuter. De exakta gräddningstiderna kan variera om dina potatisskivor inte skärs till 1/8" eller om de inte är enhetliga i tjocklek. Kontrollera dem med jämna mellanrum: du letar efter en varm, brynt, rostad färg på botten av dina skivor, men du vill inte att de ska brännas.
g) Vänd försiktigt alla skivor och fortsätt att grädda på den andra sidan i ca 5-8 minuter till, kontrollera med jämna mellanrum om de är klara. Om några av dina skivor är tunnare än andra kan de vara klara tidigare, och du kanske vill ta bort dem på en tallrik medan de andra skivorna fortsätter grädda.
h) När din potatis är färdigbakad, hopa den i en hög i mitten av ett bakplåtspapper och lägg dem i lager medan du gör det med corned beef, ost och surkål. Sätt tillbaka nachosna i ugnen i ca 5 minuter till så att pålägget blir varm och osten smälter.
i) Garnera nachos med persilja, om så önskas, och servera med Thousand Island Dressing. (Du kan ringla dressingen ovanpå, servera den bredvid eller båda.)

20. Guinness Konserverad nötköttsreglage

INGREDIENSER:
- 4 pund corned beef brisket med kryddpaket
- 1 kopp fryst pärllök, eller vit kokarlök (putsad och skalad)
- 4 vitlöksklyftor
- Valfritt: 1-2 lagerblad
- 2 1/2 dl vatten
- 11,2 uns Guinness fatöl (1 flaska)
- 12 Hawaii-rullar
- 1 paket coleslaw mix
- 2–3 msk färsk dill, hackad
- Dijonsenap för att sprida efter önskemål
- Valfritt: majonnäs för bredning
- Baby Kosher dill pickles (hela)

INSTRUKTIONER:
a) Tillsätt lök och vitlök i den inre stålgrytan i tryckkokaren. Lägg galler ovanpå. Häll Guinness öl och vatten i grytan. Lägg corned beef brisket på metallstället, fettlocket nere. Strö kryddor över köttet. Tillsätt 1-2 lagerblad om så önskas. Vänd nötköttet med en tång så att fettlocket är vänt uppåt.
b) Öppna försiktigt locket på tryckkokaren. Lyft upp metallbrickan som håller köttet. Överför corned beef till ett fat. Ta bort lagerblad, lök och fasta partiklar. Sila av vätskan. Reservera en kopp om det behövs för att strö över köttet för att förhindra att det torkar ut.
c) Skiva nötkött tunt mot säden.
d) Skär Hawaiian rullar på mitten horisontellt.
e) Bred ut ett lager senap över den nedre halvan av varje rulle. Bred eventuellt lite majonnäs på den övre halvan av bullen.
f) Lägg 2-3 skivor corned beef på den nedersta bullen. Strö över köttet med nyhackad dill. Tillsätt 1/4 kopp coleslaw till varje.
g) Placera de övre halvorna av Hawaii-rullarna på reglagen.
h) Garnera varje nötköttsreglage med en babydillgurka. Genomborra festsmörgåsarna i mitten med festplockar i trä för att hålla ihop allt.

21.Guinness glaserade köttbullar

INGREDIENSER:
KÖTTBULLAR
- 1 lb. mald kalkon eller nötkött
- 1 c. panko brödsmulor
- 1/4 c. Guinness
- 1/4 c. hackad lök
- 1 ägg, lätt uppvispat
- 1 tsk. salt
- 1/8 tsk. peppar

GUINNESSSÅS
- 2 flaskor Guinness
- 1/2 c. ketchup
- 1/4 c. honung
- 2 msk. melass
- 2 tsk. Dijon senap
- 2 tsk. torkad hackad lök
- 1 tsk. vitlökspulver
- 4 tsk. majsstärkelse

INSTRUKTIONER:

a) Till köttbullarna: Blanda alla ingredienser i en medelstor bunke. Blanda väl.

b) Forma till 1 1/2 tums bollar (jag använde en liten cookie scoop) och lägg på en kantad bakplåt klädd med aluminiumfolie och sprayad med nonstick-spray.

c) Grädda i 350° i 20-25 minuter.

d) Till såsen: Blanda alla ingredienser utom majsstärkelse i en medelstor kastrull. Vispa.

e) Koka upp, vispa då och då.

f) Sänk värmen till sjud och låt sjuda i 20 minuter.

g) Vispa i majsstärkelse och fortsätt sjuda i 5 minuter eller tills den tjocknat.

h) Tillsätt köttbullar i såsen.

22.Engelska pubbröd

INGREDIENSER:
- 1 lök
- 1/3 huvudkål
- 4 små morötter
- 8 små röda potatisar
- 4 salladslökar
- 1 purjolök
- 4 matskedar smör
- 3 ägg
- 1 msk brun senap
- 1/2 tsk timjan
- 1/4 tsk peppar
- 1/2 tsk salt
- 1/4 tsk mald senap
- 1 8-ounce paket strimlad mozzarellaost
- 4 uns strimlad parmesanost
- 5 kylda rullade pajskal
- 1 pund nötfärs valfritt

INSTRUKTIONER:

a) Om du använder nötfärs, bryn nötkött i en stor stekpanna, låt rinna av, ta bort från pannan och ställ åt sidan. Tärna lök, morötter och potatis. Hacka kål i små bitar. Skiva purjolök och salladslök tunt

b) Värm 4 matskedar smör i en stor stekpanna på medelvärme. Fräs lök, salladslök och purjolök tills de är mjuka - cirka 6 minuter. Tillsätt kål, morötter och potatis. Fortsätt koka på medelvärme i 5 minuter till.

c) Sänk värmen till låg; täck och ånga i 15 minuter. Avlägsna från värme. Ta under tiden ut pajskal från kylskåpet och förvärm ugnen till 375 grader.

d) Vispa 3 ägg, senap och kryddor i en stor skål. Ta bort 1 matsked äggblandning och vispa med 1 matsked vatten; avsätta. Tillsätt grönsaker, nötkött och ost i äggblandningen och blanda väl.

e) Rulla ut pajskal och skär i fjärdedelar med hjälp av en pizzaskärare.

f) För att göra piroger, lägg en klyfta av skorpan på bakplåtspapersklädd plåt. Lägg en skopa av grönsaksblandningen i mitten av en kil och täck sedan med en andra kil.

g) Tryck till kanterna med en gaffel för att täta, pensla sedan med ägg- och vattenblandningen. Grädda i cirka 20 minuter eller tills skorpan är gyllenbrun.

23. Engelska korvrullar

INGREDIENSER:
- 3 smördegsark
- 1 uppvispat ägg för att pensla bakverk
- Korv Kött fyllning
- 1 pund malet fläsk
- 1 tsk torkad timjan
- ½ tsk torkad mejram
- ½ tsk torkad basilika
- ½ tsk torkade rosmarinblad
- 1 tsk torkad persilja
- ½ tesked torkad salvia
- ⅛ tesked salt
- ⅛ tesked svartpeppar
- 1 kopp ströbröd
- 1 finhackad vitlöksklyfta
- 1 uppvispat ägg
- ¼ tesked torkad fänkål valfritt

INSTRUKTIONER:
a) Mal kryddorna, salta och peppra i en kaffekvarn.
b) Tillsätt de malda kryddorna och hackad vitlök till ströbrödet i en stor mixerskål och blanda ihop.
c) Tillsätt det malda fläsket till det kryddade ströbrödet och kombinera med fingrarna. Tillsätt hälften av det uppvispade ägget och blanda ordentligt tills köttblandningen börjar klibba ihop. Kasta överflödigt ägg.
d) Använd dina händer och rulla korven och forma 4 cylindriska former cirka ¾ tum tjocka och 10 tum långa. Ställ köttet åt sidan.
e) Värm ugnen till 400 grader F. Klä en stor bakplåt med bakplåtspapper.
f) Öppna ett tinat smördegsark på mjölat underlag. Skär i 3 remsor ca 3 tum breda och 10 tum långa.
g) Lägg en 3 tums bit av det förformade korvköttet på bakverket nära kanten. Rulla degen runt köttet, överlappande undertill med en tum.
h) Skär konditorrullen och rulla sedan tillbaka den för att pensla det nedre lagret med äggtvätt. Rulla om och försegla den nedre sömmen.
i) Använd en vass kniv och skär två diagonala ½ tum skåror i den övre ytan av rullen. Upprepa proceduren för att bilda 18 korvrullar.
j) Lägg de förberedda korvrullarna på bakplåten i rader och en tum från varandra. Pensla toppen av degen med äggtvätt.
k) Grädda i 400 grader F ugn i 20 minuter. Sänk värmen till 350 grader och grädda i ytterligare 5 minuter.
l) Ta ut ur ugnen när den är gyllenbrun ovanpå. Kyl korvrullarna på galler.

SCONES OCH BRÖD

24. Salta ostscones

INGREDIENSER:

- 225 g vanligt mjöl
- 2 Jämna teskedar bakpulver
- Nypa salt
- ¼ tesked senap
- 50 g smör
- 75 g riven cheddar
- 1 stort ägg
- 4 msk krämig mjölk
- Extra mjölk för glasering

INSTRUKTIONER:

a) Värm ugnen till 220° C. Sikta ihop mjöl, bakpulver, salt och senap. Gnid in smöret tills blandningen liknar fina ströbröd. Blanda i den rivna osten.
b) Vispa ägget och tillsätt mjölk. Gör en brunn i mitten av de torra ingredienserna och blanda ihop vätskan. Vänd upp på mjölat bord. Knåda lätt och skär i rundor med en konditor. Lägg på en smord bakplåt.
c) Pensla med ägg- och mjölkblandning och grädda i 12-15 minuter eller tills den är gyllene och genomstekt.

25.Engelskt sodabröd

INGREDIENSER:

- 12 oz/340 g vanligt mjöl, antingen helvete eller vitt
- 1/2 tsk salt
- 1/2 tesked natriumbikarbonat
- 1/2 kopp kärnmjölk

INSTRUKTIONER:

a) Blanda alla dina torra ingredienser och sikta sedan de torra ingredienserna för att lägga till luft. Gör sedan en brunn i mitten av torrblandningen och tillsätt hälften av kärnmjölken och blanda sedan försiktigt. Tillsätt resten av kärnmjölken och knåda lätt för att blandas in.

b) Om blandningen verkar torr och tung när du använder fullkornsmjöl, tillsätt lite mer kärnmjölk. Det kommer att fastna på dina händer varnas.

c) Lägg degen på en mjölad bänk och för ihop den försiktigt till en runda och överför sedan detta till en bakplåt. Skär ett kors ganska djupt i toppen av brödet för att "släppa ut älvorna" och sätt sedan in i ugnen i 40 till 45 minuter. För att kontrollera om brödet är bakat, tryck lätt på botten om det låter ihåligt så är det klart.

d) Du kan lägga till alla typer av ingredienser till din läskbrödsblandning, ost och lök, baconbitar, frukt som russin, torkade tranbär och blåbär, nötter, frön i stort sett allt du vill för att skapa ett sött eller salt bröd.

26. Engelskt vetebröd

INGREDIENSER:

- 500 g (1 lb 2oz) grovt fullkornsmjöl
- 125 g (4 1/2 oz) vanligt mjöl, plus extra för att pudra
- 1 tsk bakpulver
- 1 tsk salt
- 600 ml (1 pint) kärnmjölk, plus lite extra om det behövs
- 1 msk ljust farinsocker
- 1 msk smält smör, plus extra för att smörja formen
- 2 msk gyllene sirap

INSTRUKTIONER:

a) Värm ugnen till 200°C - 400°F och smörj 2 x brödformar.
b) Ta en stor skål och sikta ner mjölet i skålen tillsammans med bakpulver och salt. Gör en liten brunn i mitten av denna torra blandning och tillsätt kärnmjölk, farinsocker, smält smör och gyllene sirap.
c) Blanda detta försiktigt tills alla ingredienser är kombinerade. Fördela sedan blandningen i brödformarna och strö över dina favoritpålägg.
d) Grädda detta i cirka en timme, kontrollera halvvägs att formarna inte behöver vändas eller att bröden inte får färg. Om de är sänk värmen lite.
e) För att kontrollera om de är gräddade är det bara att hoppa ut ur formen och knacka på botten av brödet, om det låter ihåligt är det klart. Om den är klar, lägg den på ett galler. När den svalnat serveras med mycket smör.

27.Engelska eller Dublin Pjoska med

INGREDIENSER:

- 1 matsked vegetabilisk olja
- 450g korv
- 200 g bacon, skuren i strimlor
- 1 lök, tärnad
- 2 morötter, skivade
- 1 kg eller 2,5 pund potatis, skalad och skivad
- Nymalen svartpeppar
- 500ml kycklingfond du kan använda en buljongtärning smält i varmt vatten
- 1 lagerblad

INSTRUKTIONER:

a) Gör ugnen varm genom att förvärma till 170°C eller 325°F. Medan det värms upp värm oljan i en stekpanna och bryn korvarna. Tillsätt baconet i de brynta korvarna och koka det i 2 minuter.

b) Lägg hälften av korvarna och baconet i botten av en gryta och tillsätt sedan hälften av lök, morötter och potatis. Krydda detta lager med salt och peppar. Skapa sedan ytterligare ett lager ovanpå det med resten av korvarna, bacon och grönsaker, glöm inte att krydda detta lager också.

c) Häll den uppvärmda fonden över hela grytan när den är kryddad och tillsätt lagerbladet. Täck med lock och låt koka i 2 timmar, ta sedan av locket och koka i ytterligare 30 minuter.

d) Låt stå utanför ugnen i ca 5 minuter, strö över persilja om du vill och servera.

28.Engelskt Bröd Med Gräddfil

INGREDIENSER:
- 2½ kopp siktat universalmjöl
- 2 tsk Bakpulver
- 1 tsk salt
- ½ tesked bakpulver
- ¼ kopp förkortning
- ½ kopp socker
- 1 ägg; slagen
- 1½ kopp Vår grädde
- 1 kopp russin
- ½ kopp vinbär

INSTRUKTIONER:
a) Värm ugnen till 375 grader. Sikta mjöl, bakpulver, salt och läsk i en skål. Avsätta.
b) Grädde matfett och socker tills det är ljust och fluffigt.
c) Tillsätt ägg och gräddfil. Blanda väl. Rör ner i mjölblandningen.
d) Blanda tills det är väl blandat. Vik i russin och vinbär. Häll upp i en smord 2-liters gryta. Grädda i 50 minuter.
e) Täck med aluminiumfolie och grädda 10 minuter längre eller tills den är klar.

29.Engelsk Farmhouse Limpa

INGREDIENSER:
- 8 uns mjöl
- 4 uns socker
- 8 uns blandad torkad frukt
- ½ varje rivet skal av en citron
- 2 msk smör
- ½ tsk salt
- 2 tsk Bakpulver
- 1 nypa bakpulver
- 1 st ägg, vispat
- 1¼ kopp kärnmjölk

INSTRUKTIONER:
a) Blanda mjöl, socker, frukt, citronskal, smör, bakpulver och läsk.
b) Tillsätt det uppvispade ägget och kärnmjölken för att göra en fin mjuk deg; vispa väl och häll i en smord 2-kilos brödform.
c) Grädda vid 300 F i 1 timme, eller tills det testar gjort med ett spett.

30.Engelska havregrynsbröd

INGREDIENSER:

- 1 1/4 koppar allroundmjöl; delad, upp till 1
- 2 matskedar mörkt brunt socker; ordentligt packad
- 1 tsk Bakpulver
- 1 tsk bakpulver
- ½ tsk salt
- 2 matskedar smör; mjuknat
- 2 koppar stenmalet fullkornsmjöl
- 6 matskedar Havregryn
- 1½ kopp kärnmjölk
- 1 äggvita; för inglasning
- 2 matskedar Krossad havregryn; för strö

INSTRUKTIONER:

a) Vispa ihop 1 dl mjöl, mörkt farinsocker, bakpulver, bakpulver och salt i en stor bunke. Gnid blandningen mellan fingertopparna för att fördela sockret jämnt.

b) Skär smör i blandningen med en konditormixer eller två knivar tills blandningen liknar fina smulor.

c) Rör ner fullkornsmjöl och havre. Gör en brunn i mitten av blandningen och tillsätt gradvis kärnmjölk, rör lätt tills blandningen är ordentligt fuktad. Använd resterande ¼ kopp mjöl, lite i taget, pudra degen lätt och samla ihop till en boll. Knåda lätt, tillsätt mjöl efter behov, tills degen är smidig och spänstig, ca 6-8 knådningar.

d) Värm ugnen till 375 grader och smörj en stor bakplåt lätt. Forma degen till en slät rund boll och lägg i mitten av den förberedda bakplåten. Tryck försiktigt bollen i en tjock 7-tums skiva. Skär ett stort kors ovanpå degen med en vass kniv. Vispa äggvitan lätt tills den blir skummande och pensla lätt men jämnt över limpan för att glasera. Du behöver inte använda hela äggvitan.

e) Grovhacka havregryn i en matberedare eller mixer och strö jämnt över äggviteglasyren.

f) Grädda i mitten av den förvärmda ugnen i 40-45 minuter eller tills limpan fått fin färg och låter ihålig när du dunsar den. Ta genast ut brödet på ett galler för att svalna.

31.Engelskt yoghurtbröd

INGREDIENSER:

- 4 koppar mjöl
- ¾ tesked bakpulver
- 3 tsk Bakpulver
- 1 tsk salt
- 1 dl vinbär
- 2 msk kumminfrö
- 2 ägg
- 1 kopp vanlig yoghurt med låg fetthalt; blandad

INSTRUKTIONER:

a) ihop de torra ingredienserna . Tillsätt vinbär och kummin; Tillsätt ägg.
b) Tillsätt yoghurt- och vattenblandningen och rör om tills en kladdig smet bildas.
c) Knåda på en väl mjölad yta i 1 minut och forma sedan till en boll och lägg i en väl smord rund gryta.
d) Markera ett kryss i mitten med en vass kniv och grädda i 350 graders ugn i 1 timme och 15 minuter innan du tar ut brödet från grytan, låt sedan svalna på galler. Skiva tunt för servering.
e) Fryser bra och är godast dagen efter gräddning

32. Engelskt fullkornssodabröd

INGREDIENSER:
- 3 koppar mjöl, fullkornsvete
- 1 kopp mjöl, för alla ändamål
- 1 matsked Salt
- 1 tsk bakpulver
- ¾ tesked Bakpulver
- 1½ kopp kärnmjölk, yoghurt eller mjölk syrad med citronsaft

INSTRUKTIONER:
a) Kombinera de torra ingredienserna och blanda noggrant för att fördela sodan och bakpulvret, tillsätt sedan tillräckligt med kärnmjölk för att göra en mjuk deg men tillräckligt fast för att hålla formen.
b) Knåda på ett lätt mjölat bord i 2 eller 3 minuter, tills det är ganska slätt och sammetslen. Forma till en rund limpa och lägg i en väl smörad 8 tums kakform eller på en väl smörad plåt.
c) Skär ett kors på toppen av limpan med en mycket vass mjölad kniv.
d) Grädda i en förvärmd 375F ugn i 35-40 minuter, eller tills limpan fått fin färg och låter ihålig när du knackar den med knogarna.

33.Engelskt ölbröd

INGREDIENSER:
- 3 dl självjäsande mjöl
- ⅓ kopp socker
- 1 flaska engelsk öl

INSTRUKTIONER:
a) Blanda ingredienserna i skålen.
b) Häll smeten i en smord brödform och grädda i 350 grader i en timme.
c) Servera varm.

34.Engelskt Barmbrack Bröd

INGREDIENSER:
- 1⅛ kopp vatten
- 3 dl brödmjöl
- 3 tsk Gluten
- 1½ tsk salt
- 3 matskedar socker
- ¾ tesked Torkat citronskal
- ¾ tesked Mald kryddpeppar
- 1½ msk smör
- 2 msk torrmjölk
- 2 teskedar Red Star Active Dry Yeast
- ¾ kopp russin

INSTRUKTIONER:
a) Lägg alla ingredienser i brödformen enligt tillverkarens instruktioner.

b) Detta gör en tät medelstor limpa (6-7 tum lång). För en fluffigare högre limpa, öka jästen till 2 ½ teskedar.

c) Ha ingredienserna i rumstemperatur. Om det behövs, värm vatten och smör i mikrovågsugn i 50-60 sekunder på hög.

d) Tillsätt ¼ kopp russin 4 minuter in i första cykeln.

e) Tillsätt resterande russin strax efter viloperioden och när den andra knådningen börjar.

35.Engelskt fräknebröd

INGREDIENSER:
- 2 bröd
- 4¾ vardera Till 5 3/4 koppar osiktat mjöl
- ½ kopp socker
- 1 tsk salt
- 2 förpackningar torrjäst
- 1 dl potatisvatten
- ½ kopp Margarin
- 2 ägg, rumstemperatur
- ¼ kopp potatismos, rumstemperatur
- 1 kopp kärnfria russin

INSTRUKTIONER:
a) Blanda 1½ koppar mjöl, socker, salt och olöst jäst i en stor skål. Blanda potatisvatten och margarin i en kastrull.
b) Värm på låg värme tills vätskan är varm – margarinet behöver inte smälta. Tillsätt gradvis till torra ingredienser och vispa i 2 minuter på medelhastighet med elektrisk mixer, skrapa skålen då och då. Tillsätt ägg, potatis och ½ dl mjöl, eller tillräckligt med mjöl för att göra en tjock smet. Rör ner russin och tillräckligt med mjöl för att göra en mjuk deg.
c) Vänd upp på mjölat bord. Knåda tills den är slät och elastisk, ca 10 minuter. Lägg i en smord skål, vänd degen till fett.
d) Täck över och låt jäsa tills den fördubblats. Stansa ner degen. Vänd upp på lätt mjölat bord.
e) Dela degen i 4 lika stora bitar. Forma varje bit till en smal limpa, cirka 8 ½ tum lång. Lägg 2 bröd, sida vid sida, i var och en av 2 smorda 8 ½ x 4 ½ x 2 ½ tums brödformar. Omslag. Låt jäsa på en varm plats, fri från drag tills den fördubblats.
f) Grädda i förvärmd 375 F ugn i 35 minuter, eller tills den är klar. Ta bort från formarna och svalna på galler. Colorado Cache Cookbook (1978) Från samlingen av Jim Vorheis

36.Kryddbröd

INGREDIENSER:

- 10 uns mjöl
- 2 tsk Bakpulver
- ½ tesked bakpulver
- 1 tsk blandad krydda
- ½ tesked Mald ingefära
- 4 uns ljust farinsocker
- 2 uns hackad kanderad skal
- 6 uns russin, vanligt eller gyllene
- 4 uns smör
- 6 uns gyllene sirap
- 1 stort ägg, vispat
- 4 matskedar Mjölk

INSTRUKTIONER:

a) Sikta mjölet med sodan och bakpulvret, och den blandade kryddan och ingefäran: tillsätt sedan farinsocker, hackat skal och russin: blanda.

b) Gör en brunn i mitten. Smält smöret med sirapen på låg värme och häll sedan i brunnen i blandningen. Tillsätt det uppvispade ägget och mjölken och blanda mycket väl. Häll i en smord 2 lb brödform och grädda i en förvärmd ugn vid 325 F i 40-50 minuter, eller tills den är klar. Detta bröd kommer att hålla sig fuktigt i flera dagar och förbättras faktiskt något under denna period.

HUVUDRÄTT

37.Engelska mästaren

INGREDIENSER:
- 5 st bra potatisar
- 1 kopp salladslök
- 1 kopp mjölk helst helmjölk
- 55 gram saltat smör
- salt att smaka)
- vitpeppar (efter smak)

INSTRUKTIONER:

a) Fyll grytan med potatisen och täck med vatten som har en runda tesked salt i. Sjud potatisen tills den är kokt, för att göra tillagningstiden snabbare skär du bara potatisen i mindre bitar.

b) Medan potatisen kokar finhacka salladslöken. Håll den gröna delen borta från den vita.

c) Häll av vattnet från potatisen och se till att allt vatten är borta. Tillsätt sedan smör och mjölk i grytan och mosa potatisen försiktigt. När den är mosad, rör om de vita delarna av löken och smaka av med salt och vitpeppar. Ta bort allt Champ till en skål för servering.

d) Innan servering strö över den hackade salladslöken och njut.

38.Colcannon Med Kål Eller Grönkål

INGREDIENSER:

- 1 kg/ 2,5 lbs potatis, skalad
- 250g/1/2 lb hackad kål eller grönkål, väl tvättad och fint skivad, kassera eventuella tjocka stjälkar
- 100 ml/1 kopp + 1 msk mjölk
- 100g/1 kopp + 2 msk smör
- Salt och nymalen svartpeppar

INSTRUKTIONER:

a) Lägg den skalade potatisen i en kastrull och täck med vatten med en tsk salt. Koka upp och koka sedan tills de är mjuka.

b) Koka kålen eller grönkålen medan potatisen kokar. Häll 1 matsked smör i en tjock panna och smält tills det precis blir bubbligt. Tillsätt den hackade grönkålen eller kålen med en nypa salt. Lägg på locket på pannan och koka på hög värme i 1 minut.

c) Rör om grönsakerna och låt koka ytterligare en minut, häll sedan av eventuell vätska och smaka av med salt och peppar.

d) Låt potatisen rinna av och mosa med lite mjölk och 1 msk smör, blanda sedan i grönkålen eller kålen och smaka av med salt och peppar.

39.Kyckling Och Purjolökspaj

INGREDIENSER:

- 6 uns mördeg
- 1 kyckling, ca 4 lb
- 4 Skivor skinkstek
- 4 Stor purjolök, rensad/hackad
- 1 lök
- Salt och peppar
- 1 nypa Mald muskotblomma eller muskotnöt
- 300 milliliter kycklingfond
- 125 milliliter Dubbel grädde

INSTRUKTIONER:

a) Gör bakelsen och låt den vila på en kall plats.
b) I en djup 1 - 1½ liters skål, lägg lager av kycklingen, skinkan, purjolöken och löken eller schalottenlöken, tillsätt muskotblomma, muskotnöt och krydda, och upprepa sedan lagren tills skålen är full. Tillsätt fonden och fukta sedan kanterna på formen innan du kavlar ut degen till önskad storlek.
c) Lägg degen över pajen och tryck ner kanterna väl. Krympa dem med en gaffel. Gör ett litet hål i mitten. Kavla ut resterna av bakverk och forma ett blad eller rosett för toppen. Placera detta mycket lätt över det lilla hålet. Pensla degen med mjölk och grädda vid måttlig värme, 350F, i 25-30 minuter.
d) Täck degen med fuktigt smörpapper när den är delvis tillagad om toppen verkar bli för brun.
e) Värm försiktigt upp grädden. När pajen är tillagad, ta ut den från ugnen.
f) Lyft försiktigt av rosetten och häll in grädden genom hålet. Lägg tillbaka rosetten och servera. (Den här pajen bildar en läcker mjuk gelé när den är kall.)

40.Dinkel Och Purjolök

INGREDIENSER:

- 50 g/2 oz (4 matskedar) smör
- 3 purjolök, tunt skivad
- blad av några timjankvistar, hackade
- 1 lagerblad
- 350 g/12 oz (2 koppar) dinkelkorn
- 250 ml/8 fl oz (1 kopp) cider (hård cider)
- 750 ml/25 fl oz (3 koppar) grönsaksbuljong (buljong)
- 2 msk hackad persilja
- Havssalt

INSTRUKTIONER:

a) Smält hälften av smöret i en stor stekpanna (panna) på medelvärme. Fräs purjolöken med timjan och lagerblad i ca 5 minuter tills den är fin och mjuk. Tillsätt dinkelkornen och koka en minut, tillsätt sedan cidern och låt koka upp.

b) Tillsätt fonden (buljongen) och låt sjuda i 40 minuter–1 timme tills dinkelen är kokt och mjuk. Tillsätt lite mer vatten om det behövs.

c) Ta av från värmen och vänd ner resterande smör och persilja. Krydda innan servering.

41.Torsk Med Saffran Och Tomater

INGREDIENSER:
- 1 msk rapsolja (raps).
- 1 lök, fint tärnad
- 2 vitlöksklyftor, krossade
- 150 g/5 oz (ca 3 små) potatis, skalad och tärnad
- 1 lagerblad
- 175 ml/6 fl oz (. kopp) sherry
- en god nypa saffran
- 350 ml/12 fl oz (1 dl) fiskbuljong (buljong)
- 1 x 400-g (14-oz) burk hackade tomater, blandade
- 600 g/1 lb 5 oz torskfilé, flådd och urbenad, skuren i lagom stora bitar
- 2 msk persilja
- havssalt och nymalen svartpeppar

INSTRUKTIONER:

a) Hetta upp oljan i en stor panna på medelvärme, tillsätt lök och vitlök, täck över och koka i ca 5 minuter tills den är mjuk och fått fin färg. Krydda med lite salt.

b) Tillsätt potatisen och lagerbladet och koka några minuter. Tillsätt sedan sherry, saffran och fiskfond (buljong). Koka i cirka 15 minuter tills potatisen är nästan mjuk.

c) Tillsätt tomaterna, låt sjuda och koka i 15 minuter. I sista minuten, tillsätt fisken och koka i 1 minut. Tillsätt den hackade persiljan och smaka av med salt och peppar.

42. Duva Och Stout

INGREDIENSER:

- 4 duvor, plockade och rensade
- 4 msk rapsolja (raps).
- 75 g/2. oz (5. matskedar) smör
- några timjankvistar
- 2 lökar, hackade
- 2 vitlöksklyftor, mycket fint hackade
- 250 g/9 oz svamp, skivad
- 500 ml/17 fl oz (generösa 2 koppar) kycklingfond (buljong)
- 4 matskedar whisky
- 500 ml/17 fl oz (generösa 2 koppar) stout
- havssalt

INSTRUKTIONER:

a) Krydda duvorna med havssalt. Hetta upp 3 matskedar av oljan i en stor panna på medelvärme, tillsätt duvorna och stek. Tillsätt efter några minuter smöret med timjan och låt karamellisera. Tråckla duvorna några minuter tills de fått fin färg. Ta ut duvorna från pannan och låt vila.

b) Torka av pannan med lite hushållspapper, kassera smör och timjan. Hetta upp den återstående oljan i pannan på medelhög värme och fräs lök och vitlök i 3–4 minuter tills de blir genomskinliga.

c) Smaka av med havssalt, tillsätt svampen och koka i 5–7 minuter tills svampen fått fin färg. Tillsätt kycklingfonden (buljong), whisky och stout.

d) Koka upp, sänk värmen och låt sjuda i 30 minuter.

e) Lägg tillbaka duvorna i pannan, täck över och låt sjuda i ytterligare 20 minuter tills duvorna är kokta; Bröstköttets kärntemperatur bör nå 65C/150F på en köttermometer.

43.Lamm Varm gryta

INGREDIENSER:
- 750 g/1 lb 10 oz lb lammskuldra, tärnad
- 50 g/2 oz (. kopp) nötkött droppande
- 3 lökar, skivade
- 2 msk finhackad timjan
- 2 matskedar vanligt (all-purpose) mjöl
- 750 ml/25 fl oz (3 koppar) lammbuljong (buljong), uppvärmd
- 750 g/1 lb 10 oz lb (7 medelstora) potatisar, skalade och tunt skivade
- 50 g/2 oz (3. matskedar) smör, smält
- havssalt och nymalen svartpeppar

INSTRUKTIONER:
a) Värm ugnen till 180C/350F/Gasmark 4.
b) Krydda lammet med svartpeppar och salt. Värm nötköttet droppande i en gjutjärnsgryta på medelhög värme, tillsätt lammet och stek, i omgångar, 5–10 tills det fått fin färg. Ta bort och förvara på en varm plats.
c) Tillsätt löken och hälften av timjan i grytan och koka i cirka 5 minuter tills den är mjuk och genomskinlig. För att göra en roux, tillsätt mjölet och koka i 2 minuter för att bilda en lös pasta. Häll gradvis i den varma lammbuljongen (buljong) och rör om tills rouxen har löst sig.
d) Lägg tillbaka det brynta lammet i grytan. Lägg potatisskivorna ovanpå i ett cirkulärt mönster. Pensla med det smälta smöret och smaka av med havssalt, svartpeppar och resterande timjan.
e) Täck över och grädda i den förvärmda ugnen i 45 minuter. Ta av locket under de sista 15 minuterna så att potatisen får färg.

44. Kycklingbuljong med många goda saker

INGREDIENSER:

- 1,8 liter (3 pints) välsmakad och väl skummad hemgjord kycklingfond
- 225 g (8 oz) okokt eller kokt, strimlad kyckling (jag föredrar att använda brunt kött)
- flingigt havssalt och nymalen svartpeppar
- 6 medelstora röda tomater, skurna i 1 cm (1/2 tum) tärningar
- 2–3 mogna Hass-avokado, skuren i 1,5 cm (2/3) tärningar
- 2 medelstora rödlökar, skurna i 1 cm (1/2 tum) tärningar
- 2 gröna Serrano eller Jalapeño chili, tunt skivade
- 3 ekologiska limefrukter, skurna i klyftor
- 3–4 mjuka majstortillas eller en stor påse tortillachips av hög kvalitet
- 4–6 matskedar grovt hackade korianderblad

INSTRUKTIONER:

a) Lägg kycklingfonden i en bred 2,5 liters (4 1/2 pint) kastrull och lägg till

b) koka. Smaka av och smaka av med salt och peppar – fonden ska ha en fyllig smak, annars blir soppan intetsägande och smaklös.

c) Precis innan servering, tillsätt den strimlade kycklingen i den varma buljongen och pochera försiktigt så att den inte stelnar.

d) Tillagad kyckling behöver bara värmas igenom i buljongen.

e) Rått vitt kött tar 2–3 minuter att tillaga och bryn köttet lite längre – 4–6 minuter. Krydda efter smak.

45.Kål Och Bacon

INGREDIENSER:

- 2 små savojkålar
- 8 remsor bacon
- Salt och peppar
- 4 Hela kryddpepparbär
- 300 milliliter Bacon eller kycklingfond

INSTRUKTIONER:

a) Skär kålen på mitten och koka i 15 minuter i saltat vatten.
b) Häll av och blötlägg i kallt vatten i 1 minut, låt sedan rinna av väl och skiva. Klä botten av en gryta med hälften av baconstrimlorna, lägg sedan kålen ovanpå och tillsätt kryddorna.
c) Tillsätt så mycket buljong att det knappt täcker, lägg sedan de återstående remsorna av bacon ovanpå. Täck och låt sjuda i en timme, tills det mesta av vätskan absorberats.

46. Bakad fylld sill

INGREDIENSER:
- 4 matskedar brödsmulor (hopade)
- 1 tsk persilja, hackad
- 1 litet ägg, vispat
- 1 Saft och skal av citron
- 1 nypa Muskotnöt
- 1 Salt och peppar
- 8 sillar, rensade
- 300 milliliter Hård cider
- 1 lagerblad, väl smulad
- 1 färskmalen peppar

INSTRUKTIONER:
a) Gör först fyllningen genom att blanda ströbröd, persilja, uppvispat ägg, citronsaft och skal samt salt och peppar.
b) Fyll fisken med blandningen. Lägg i en ugnssäker form, tätt intill; tillsätt cider, smulat lagerblad samt salt och peppar.
c) Täck med folie och grädda i 350F i ca 35 minuter.

47. Bräserad selleri

INGREDIENSER:
- 1 st. Selleri
- 1 st medelstor lök
- 1 tsk hackad persilja
- 2 skivor bacon
- 10 fluid ounce lager
- 1 x Salt/peppar efter smak
- 1 uns smör

INSTRUKTIONER:
a) Rengör selleri, skär i en-tums bitar och lägg i en gryta.
b) Finhacka bacon och lök och strö över selleri tillsammans med hackad persilja. Häll på lager. Prick med smörknoppar.
c) Täck formen och grädda i måttlig ugn i 30-45 minuter.

48.Fem KryddskorpaLax Med Surkål

INGREDIENSER:
- ½ pund engelskt bacon
- 1 msk kumminfrön
- 1 stor lök
- 1 plommontomat; hackad, med
- Frön och skinn
- 2 pund surkål; dräneras vid behov
- 12 uns Lageröl
- ¼ kopp korianderfrön
- ¼ kopp spiskummin
- ¼ kopp fänkålsfrön
- ¼ kopp svart lök frön
- ¼ kopp svarta senapsfrön
- 4 laxfiléer till 6 - (6 oz ea); hud på, skär
- Från mittpartiet
- ¼ kopp vegetabilisk olja

INSTRUKTIONER:
a) Fräs bacon, kummin och lök i fem till sju minuter eller tills de är mjuka men inte fått färg.
b) Tillsätt tomat, surkål och öl och låt koka upp.
c) Sänk värmen för att sjuda och koka under lock i en timme. Låt svalna och spara tills det behövs. Det kommer att hålla, kylt, i upp till en vecka utan att förstöra. Lax: Mixa varje krydda kort i en mixer för att bryta upp, men inte pulverisera till ett pulver. Blanda alla väl i en skål. Blöt varje bit lax med vatten på skinnsidan. Muddra varje bit, med skinnsidan nedåt, i kryddblandningen.
d) Avsätta. Förvärm under tiden en tjock stekpanna eller stekpanna. Tillsätt oljan och lägg sedan i laxbitarna med skinnsidan nedåt och täck med ett tättslutande lock. Låt dem koka i fyra minuter endast på ena sidan, för sällsynt fisk.
e) Koka längre om så önskas. Avtäck pannan och lägg ut fisken till hushållspapper för att rinna av. Servera laxen med den varma surkålen.

49.Heta smörade musslor

INGREDIENSER:
- 2 pints musslor
- 4 uns smör
- 1 Salt och peppar
- 2 msk hackad gräslök

INSTRUKTIONER:

a) Tvätta musslorna noggrant under rinnande vatten. Ta bort "skägg" och släng alla öppna skal.

b) Lägg musslorna i pannan och koka över hög temperatur i 7 eller 8 minuter, tills skalen öppnar sig. Krydda med salt eller peppar. Lägg i ett serveringsfat och häll koksaften över.

c) Pricka med klyftor smör och strö över hackad gräslök. Servera med färskt brunt bröd och smör.

50.Engelsk kanelpotatis

INGREDIENSER:
- 8 uns färskost, mjukad
- 8 uns kokos
- 1 ask (1 lb) 10X socker
- 1 matsked Mjölk
- 1 msk engelsk whisky (eller vanilj)
- Kanel

INSTRUKTIONER:
a) Blanda ihop färskost och socker.
b) Tillsätt sedan resten av ingredienserna (förutom kanel).
c) Rulla till ¾" bollar. Rulla i kanel.
d) Låt sitta några dagar för att stelna. Njut sedan.

51.Engelsk Länd Av Fläsk Med Citron Och Örter

INGREDIENSER:
- 6 pund Benfri fläskkarré
- ½ dl hackad persilja
- ¼ kopp finhackad lök
- ¼ kopp Finrivet citronskal
- 1 msk basilika
- 3 krossade vitlöksklyftor
- ¾ kopp olivolja
- ¾ kopp torr sherry

INSTRUKTIONER:
a) Torka fläsk. Gör ett bra mål med vass kniv.
b) Blanda persilja, lök, skal, basilika och vitlök i en liten skål.
c) Vispa i ⅔ olja. Gnid in i fläsk.
d) Slå in i folie och ställ i kylen över natten. Låt fläsket stå i rumstemperatur 1 timme innan stekning.
e) Värm ugnen till 350 grader F. Pensla fläsk med återstående olivolja. Ställ på galler i en grund form.
f) Stek tills kötttermometern i den tjockaste delen av köttet mäter 170 grader F, cirka 2½ timme. Ställ köttet åt sidan. Avfetta pannjuicer.
g) Blanda sherry till pannjuice. Täck över och koka på låg värme i 2 minuter.
h) Överför fläsk till tallrik. Garnera med färsk persilja och citronskivor. Servera såsen separat.

52.Engelskt Fläsk I Stout Med Kryddor

INGREDIENSER:
- 6 uns brunt socker
- Vitlök
- Oregano
- Timjan
- Vinäger
- 2 tsk stensalt
- 2 tsk mald svartpeppar
- 6 svarta oliver
- Salvia
- 6 katrinplommon
- Ansjovisfiléer
- 2 msk smör
- 2 matskedar olivolja
- 1 lök; skivad
- 1 uns Roux

INSTRUKTIONER:
a) Skiva försiktigt bort svålen på fläsket och lägg åt sidan. Gör sex snitt i varje knoge. Linda salvian runt oliverna och stick in i hälften av snitten. Linda ansjovisen runt katrinplommonen och stick in i de andra hålen. För att förbereda marinaden lägg helt enkelt alla marinadens ingredienser i en mixer och mixa till en slät pasta.

b) Om pastan är för torr tillsätt lite olja för att bilda en pasta. Häll marinaden över de två knogarna och låt stå över natten. För att tillaga fläsket ta en stor kastrull och smält 2 oz smör och 2 msk olivolja. Bryn köttet i grytan i 5-8 minuter, vänd halvvägs.

c) Tillsätt den skivade löken och resterande marinader.

d) Lägg till en liten flaska stout.

e) Lägg skinnet från knogarna ovanpå köttet för att bilda ett "lock". Ställ grytan i låg ugn på 130C/gas2 i 3-4 timmar. Kassera huden. Ta bort benen från köttet, vilket ska ske lätt och lägg sedan i en serveringsskål.

f) Mixa resten av juicerna i en mixer och sila ner i en kastrull. Koka upp safterna och tillsätt rouxen för att tjockna. Häll över köttet. Tjäna.

53. Forell bakad engelsk stil

INGREDIENSER:
- 4 salladslökar; skivad
- 1 grön paprika; hackad
- ¼ kopp margarin eller smör
- 1 kopp mjukt brödsmulor
- ¼ kopp färsk persilja; klippt
- 1 tsk citronsaft
- 1 tsk salt
- ¼ tesked torkade basilikablad
- 4 Hel öring; dras salt

INSTRUKTIONER:
a) Koka och rör lök och peppar i margarin tills löken är mjuk; avlägsna från värme. Rör ner brödsmulor, persilja, citronsaften, 1 tsk. salt och basilika.
b) Gnugga håligheter i fisk med salt; fyll vardera med ca ¼ c.fyllning. Lägg fisken i en smord avlång ugnsform, 13 1/2x9x2 tum.
c) Koka utan lock i 350 grader. ugnen tills fisken lätt flagnar med gaffel, 30 till 35 minuter.
d) Garnera fisken med körsbärstomater och persilja om så önskas.

GRYTOR OCH SOPPA

54.Engelsk lammgryta

INGREDIENSER:
- 1-1½ kg eller 3,5 lbs nacke eller lammaxel
- 3 stora lökar, fint hackade
- Salt och nymalen svartpeppar
- 3-4 morötter, hackade i små bitar
- 1 purjolök, hackad i små bitar
- 1 liten kålrot/kålrot/rutabaga, hackad i små bitar
- 10 små färskpotatisar, skalade och delade i fjärdedelar, eller 2 stora potatisar, skalade och hackade
- 1/4 av en liten kål, strimlad
- Bukett persilja, timjan och lagerblad - knyt ihop detta med ett snöre du kan lämna i
- En skvätt Worcestershiresås

INSTRUKTIONER:

a) Du kan be din slaktare att skära av köttet från benet och putsa fettet, men behåll benen eller gör detta hemma. Ta bort fettet och skär köttet i tärningar. Lägg köttet i en kastrull som är fylld med kallt saltat vatten och koka upp med köttet. När detta har kokat, ta av värmen och låt rinna av, skölj lammet för att ta bort eventuella rester.

b) Medan detta kokar lägger du benen, löken, grönsakerna men inte potatisen eller kålen i en ny gryta. Tillsätt kryddningen och örtbuketten och täck med kallt vatten. När köttet är sköljt lägg till det i denna gryta och låt sjuda i en timme. Du kommer att behöva skumma av skummet då och då.

c) Efter en timme lägger du till potatisen och fortsätt att koka grytan i 25 minuter. Tillsätt potatisen och fortsätt koka i 25 minuter. Tillsätt kålen under de sista 6-7 minuterna av tillagningen.

d) När köttet är mört och faller isär ta bort benen och örtbuketten. Vid denna tidpunkt smaka på grytan och tillsätt sedan Worcestershiresåsen efter smak och servera sedan.

55. Bakad palsternacka i engelsk stil

INGREDIENSER:
- 2½ pund palsternacka
- 2 uns smör eller baconfett
- 3 matskedar fond
- 1 x Salt och peppar
- 1 x Nyp muskotnöt

INSTRUKTIONER:
a) Skala palsternacka, kvarta och ta bort eventuell vedartad kärna. Koka i 15 minuter.
b) Lägg i en ugnsfast form. Tillsätt fond och strö över salt, peppar och muskotnöt.
c) Pricka med smör och grädda i 30 minuter på låg hyllplan i måttlig ugn.

56.Engelsk SkaldjurChowder

INGREDIENSER:

- 4 små kummelfiléer ca 500 g
- 2 laxfiléer enligt ovan
- 1 bit rökt fisk ca 1/2lb/250g
- 1 msk vegetabilisk olja
- 1 tsk smör
- 4 potatisar
- 2 morötter
- 1 lök
- 500 ml/2,25 dl fisk- eller kycklingfond
- 2 msk torkad dill
- 250 ml/1 dl grädde
- 100 ml/1/2 kopp mjölk
- 4 msk fint tärnad gräslök

INSTRUKTIONER:

a) Ta potatisen och skala och skär dem i små tärningar. Med morotsskalet och tärna i mindre tärningar än potatisen.

b) Ta bort skinnet från fisken om det finns och tärna i stora bitar, det bryts upp under tillagningen.

c) Häll oljan och smöret i en djup kastrull fräs lök, potatis, dill och morot försiktigt i cirka 5 minuter. Häll fonden i pannan och låt sjuda i 1 minut.

d) Ta locket på grytan och tillsätt grädde och mjölk sedan fisken. Sjud försiktigt (koka inte) tills fisken är genomstekt.

e) Servera med en garnering av persilja och lite av ditt hembakade vetebröd.

57. Kycklinggryta Med klimpar

INGREDIENSER:
- 1 kyckling, skuren i 8 bitar
- 15 g/. oz (2 matskedar) vanligt (all-purpose) mjöl
- 2 msk rapsolja (raps).
- 15 g/. oz (1 matsked) smör
- 1 lök, hackad
- 4 salviablad
- en kvist vardera av rosmarin och timjan
- 2 morötter, hackade
- 250 ml/8 fl oz (1 kopp) cider (hård cider)
- 1 liter/34 fl oz (4 koppar) kyckling
- lager (buljong)
- 1 tsk havssalt
- nymalen svartpeppar
- hackad platt bladpersilja, till garnering Till dumplings
- 350 g/12 oz (2 koppar) vanligt (allsidigt) mjöl, siktat
- 50 g/2 oz (4 matskedar) kallt smör, rivet
- 1 tsk bakpulver
- 350 ml/12 fl oz (1 dl) mjölk
- havssalt

INSTRUKTIONER:
a) Krydda kycklingbitarna med allt salt och lite peppar och lägg i mjölet.
b) Värm oljan över medelhög värme i en stor tjockbottnad panna eller gryta (nederländsk ugn) och stek kycklingbitarna, i omgångar, i cirka 5 minuter tills de är gyllenbruna överallt. Ställ kycklingen åt sidan och torka av pannan.
c) Smält smöret i pannan och tillsätt lök, salvia, rosmarin och timjan. Stek i 3–4 minuter tills löken är mjuk och tillsätt sedan moroten. Avglasa pannan med cider och låt koka upp.
d) Häll tillbaka kycklingen och juicen i pannan och täck med fonden (buljongen). Sjud på medelhög värme i cirka 25–30 minuter tills kycklingen är genomstekt utan tecken på rosa och saften blir klar.
e) Under tiden, för att göra dumplings, kombinera mjöl och smör i en skål med bakpulvret och saltet. Tillsätt mjölken för att göra en lös deg. Tillsätt matskedar av dumplingsblandningen i pannan med kycklingen under de sista 5–10 minuterna av tillagningstiden, vänd dumplingsna halvvägs så att de steker på båda sidor.
f) Tillsätt persiljan och servera.

58. Grädde Av Musselsoppa

INGREDIENSER:
- ¾ pint musslor
- 3 koppar kallt vatten
- 2 uns smör
- 1 uns mjöl
- ½ kopp enkel kräm
- 1 x Salt och peppar

INSTRUKTIONER:
a) Tvätta musslorna noggrant.
b) Värm i en torr torkpanna tills skalen öppnar sig. Skal och skägg musslorna.
c) Smält smör i en kastrull, tillsätt mjöl och stek i 1 eller 2 minuter.
d) Ta bort från värmen och rör ner vatten, plus eventuell vätska kvar från stekpannan. Salta och peppra, låt koka upp, täck över och låt sjuda i 10 minuter.
e) Avlägsna från värme. Rör ner musslor och grädde. Justera krydda och servera genast.

59.Färsk ärtsoppa

INGREDIENSER:
- 350 gram ärtor, nyskalade
- 2 msk smör
- 1 st Medelstor lök, hackad
- 1 st Huvud isbergssallat/hackad
- 1 varje kvist mynta, hackad
- 1 varje kvist persilja, hackad
- 3 remsor bacon, hackad
- 1½ liter skinkfond
- 1 x Salt och peppar
- 1 x socker
- 1 x hackad persilja

INSTRUKTIONER:

a) Efter att du skalat ärtorna sparar du baljorna, tvättar dem och lägg dem att koka i skinkfonden medan du förbereder soppan.

b) Hetta upp smöret i en stor kastrull och mjuka upp löken i den, tillsätt sedan sallad, mynta och persilja.

c) Skala av och hacka baconet. Stek den i cirka 2 minuter, vänd på den då och då; lägg i kastrullen med ärtorna, salt, peppar och en liten mängd socker. Sila av fonden och tillsätt.

d) Koka upp under omrörning och låt puttra i ungefär en halvtimme tills ärtorna är ganska mjuka.

e) Garnera med hackad persilja eller mynta.

60.Omedelbar engelsk kräm av potatissoppa

INGREDIENSER:

- 1 kopp potatis; skalade och tärnade
- 1 kopp lök; tärnad
- 1 kopp morötter; tärnad
- 2 matskedar Dill, färsk; hackad ELLER
- 1 msk torkad dill
- ¼ tesked Mald vitpeppar
- 1 tsk granulerad vitlök ELLER
- 2 teskedar färsk vitlök; mald
- 3 matskedar majsolja
- 4 koppar vatten
- 2¼ kopp lätt sojamjölk
- 2 msk grönsaksbuljongpulver
- 1 kopp Snabbpotatisflingor

INSTRUKTIONER:

a) Fräs potatis, lök, morötter, paprika, dill och vitlök i en medelstor kastrull i olja på medelvärme i 6 minuter.
b) Tillsätt vatten, sojamjölk och buljongpulver.
c) Tillsätt potatisflingor långsamt, vispa hela tiden för att säkerställa jämn spridning.
d) Sänk värmen till låg och koka, rör om då och då, tills potatisen är kokt och blandningen är varm, cirka 15 minuter.

61.Rova Och Baconsoppa

INGREDIENSER:
- ¼ pounds Streaky bacon, skal av
- ¼ pund hackad lök
- ¼ pund hackad potatis
- ¾ pund Hackade kålrot
- 2 pints lager
- 1 x Fett för stekning

INSTRUKTIONER:
a) Hacka och fräs bacon och lök.
b) Tillsätt potatis, kålrot och fond.
c) Koka försiktigt tills grönsakerna är mjuka.
d) Justera krydda och servera.

EFTERRÄTT

62.Schwarzwald skomakare

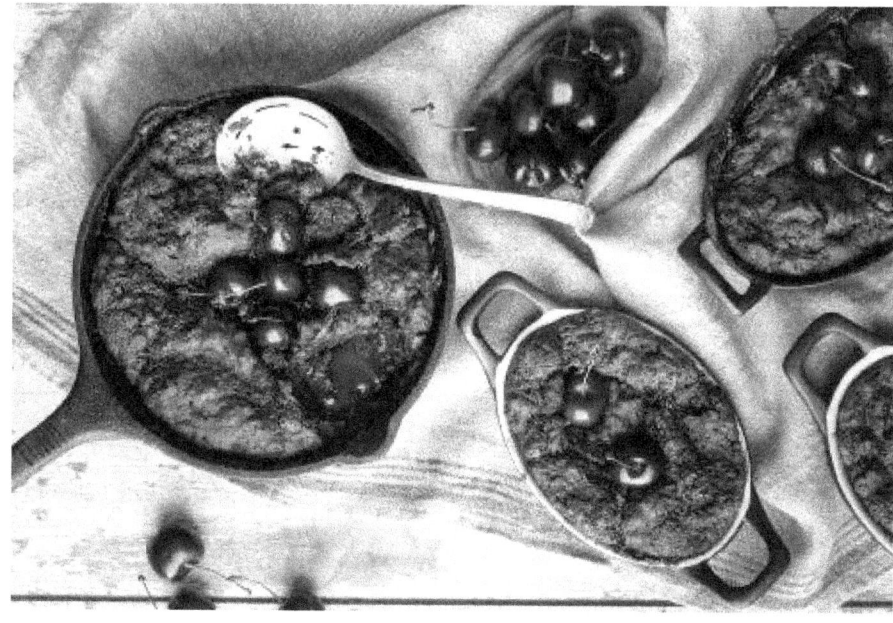

INGREDIENSER:
- ½ kopp socker
- 1 msk majsstärkelse
- 7 koppar urkärnade röda syrliga körsbär, (ca 2 pund)
- ¼ tesked mandelextrakt
- ¾ kopp universalmjöl
- ¼ kopp bakkakao
- 1 matsked socker
- 1 ½ tsk bakpulver
- ½ tsk salt
- 3 msk smör eller margarin
- ½ kopp mjölk
- Grädde eller glass, om så önskas

INSTRUKTIONER:
a) Värm ugnen till 400°F. Blanda ½ kopp socker och majsstärkelsen i en 2-liters kastrull. Rör ner körsbär. Koka på medelvärme under konstant omrörning tills blandningen tjocknar och kokar. Koka upp och rör om i 1 minut. Rör ner mandelextrakt. Häll i en osmord 2-quarts gryta; hålla varmt i ugnen.

b) Blanda mjöl, kakao, 1 msk socker, bakpulver och salt i en liten skål. Skär i smör med hjälp av en konditormixer eller kors och tvärs 2 knivar tills blandningen ser ut som fina smulor. Rör ner mjölk. Släpp degen med 6 matskedar på den varma fruktblandningen.

c) Grädda utan lock i 25 till 30 minuter eller tills toppingen har stelnat. Servera varm med grädde. Utbyte

63.Äppelcrisp

INGREDIENSER:
- 6 koppar skivade och skalade äpplen (t.ex. Granny Smith)
- 2 matskedar snabbkaffegranulat
- ½ kopp strösocker
- 1 tsk mald kanel
- ½ tesked mald muskotnöt
- 1 dl gammaldags havre
- ½ kopp universalmjöl
- ½ kopp packat farinsocker
- ½ kopp osaltat smör, kallt och i tärningar

INSTRUKTIONER:
a) Värm ugnen till 350°F (175°C) och smörj en 9x13-tums ugnsform.
b) Lös upp snabbkaffegranulatet i 2 matskedar varmt vatten och ställ åt sidan.
c) Kombinera de skivade äpplena och den lösta kaffeblandningen i en stor skål. Kasta till beläggning.
d) Blanda strösocker, mald kanel och mald muskotnöt i en separat skål. Strö denna blandning över äpplena och rör om för att täcka.
e) Överför äppelblandningen till den förberedda ugnsformen.
f) I en skål kombinerar du gammaldags havre, allroundmjöl, farinsocker och kallt smör i tärningar. Blanda till smuligt.
g) Strö havreblandningen jämnt över äpplena.
h) Grädda i 40-45 minuter eller tills toppingen är gyllenbrun och äpplena är möra.
i) Låt den svalna något innan servering. Njut av din cappuccino äppelcrisp!

64.Blandad bärskomakare med sockerkex

INGREDIENSER:
- Vegetabilisk olja, för smörjning
- 2 dl färska jordgubbar, skivade
- 2 dl färska björnbär
- 2 dl färska blåbär
- 1 kopp strösocker
- ¾ kopp vatten
- 2 msk osaltat smör
- 1 msk vaniljextrakt
- 3 matskedar majsstärkelse

FÖR KEXTOPPING:
- 2 koppar universalmjöl
- ¼ kopp strösocker
- 3 matskedar bakpulver
- ½ tsk kosher salt
- ¾ kopp kärnmjölk
- 5 matskedar kallt osaltat smör, strimlat
- 2 tsk vaniljextrakt
- 2 msk smält osaltat smör
- 2 msk grovt socker

INSTRUKTIONER:

a) Värm ugnen till 375 grader F. Smörj lätt en 9-av-13-tums bakform.

b) I en stor gryta på medelvärme, kombinera bären med socker, vatten, smör och vanilj. När bubblor börjar bildas, ös upp ca ¼ kopp vätska från grytan.

c) Kombinera den ¼ koppen heta vätskan i en liten skål med majsstärkelsen och blanda tills den är klumpfri. Häll tillbaka majsstärkelseblandningen i grytan med bären och rör om. Koka tills allt tjocknar, häll sedan fruktblandningen i ugnsformen. Avsätta.

d) För kextoppningen, kombinera mjöl, socker, bakpulver och salt i en stor skål. Vispa tills det är väl blandat. Tillsätt kärnmjölk, strimlat smör och vanilj. Blanda ingredienserna. Gröp ur kexblandningen och lägg den ovanpå bärfyllningen.

e) Pensla kexen med smält smör och strö sedan på det grova sockret. Grädda i ugnen utan lock i 30 till 35 minuter. Ta ut ur ugnen och låt svalna. Servera med eller utan glass.

65.Mini citrondrickstårta

INGREDIENSER:

- 2 ägg
- 100 g (cirka 3,5 uns) smör, mjukat
- 100 g (ca 3,5 uns) strösocker
- 100 g (ca 3,5 uns) självjäsande mjöl
- Skal av 1 citron
- Saften av 1 citron
- 50 g (ca 1,75 ounces) strösocker

INSTRUKTIONER:

a) Värm ugnen till 180°C (350°F). Smörj och fodra en mini cupcake eller tårtform.

b) Vispa smör och strösocker i en bunke tills det blir krämigt. Tillsätt äggen ett i taget, blanda väl efter varje tillsats.

c) Sikta i det självjäsande mjölet och tillsätt citronskalet. Blanda tills det är väl blandat.

d) Häll smeten i minikakformen och grädda i ca 12-15 minuter eller tills kakorna är gyllene.

e) Medan kakorna gräddas, blanda citronsaft och strösocker för att få duggregn.

f) Så fort kakorna kommer ut ur ugnen, peta i dem med en gaffel eller tandpetare och ringla citron-sockerblandningen över dem.

g) Låt kakorna svalna innan servering.

66. Rubin tekex

INGREDIENSER:
- 2 koppar universalmjöl, siktat
- 2 matskedar socker
- 4 teskedar bakpulver
- ½ tesked salt
- ½ kopp grönsaksfett
- ¾ kopp mjölk
- Extra mjöl till brädan
- Röd sylt för centers

INSTRUKTIONER:

a) Värm ugnen till 425 grader Fahrenheit och placera ugnsgallret i mitten.
b) I en stor blandningsskål, kombinera 2 koppar siktat mjöl, socker, bakpulver och salt. Rör ihop de torra ingredienserna ordentligt med en gaffel.
c) Använd en konditorskärare eller två knivar och inkorporera grönsaksfettet i den torra blandningen tills det liknar grova ströbröd.
d) Häll i mjölken och blanda försiktigt ner den i mjölblandningen med en gaffel, bara tills det bildas en mjuk degboll.
e) Lägg degen på en väl mjölad yta och knåda den med mjölade händer ca 12 gånger.
f) Kavla ut degen till en tjocklek av ¼ tum med hjälp av en mjölad kavel.
g) Använd en 2-tums kexfräs och skär ut cirklar i degen. Se till att skära dem rakt ner utan att vrida kniven. Placera cirklarna på ett bakplåtspapper, med ett avstånd på cirka 1 tum från varandra.
h) Ta en 1-tums kexskärare och skär ett hål i mitten av de återstående cirklarna, skapa ringar. Ta försiktigt bort mitten med en spatel och ställ dem åt sidan.
i) Lägg ringarna ovanpå de stora degcirklarna som redan finns på plåten.
j) Sked ½ tesked sylt eller gelé i mitten av varje kex.
k) Grädda vid 425 grader Fahrenheit i 12 till 15 minuter, eller tills kexen är pösiga och gyllene.
l) Ta omedelbart bort tebiskvierna från plåten med en metallspatel.
m) Grädda de små cirklarna (kexcentrum) i 11 till 12 minuter, skapa ytterligare små kex att servera tillsammans med de andra.

67.Sandkakor

INGREDIENSER:
- 1 kopp (2 pinnar) osaltat smör, mjukat
- ½ kopp strösocker
- 2 koppar universalmjöl
- ¼ tesked salt
- 1 tsk vaniljextrakt

INSTRUKTIONER:
a) Värm ugnen till 325°F (160°C). Klä en plåt med bakplåtspapper.
b) Grädda ihop det mjuka smöret och sockret i en bunke tills det är ljust och fluffigt.
c) Tillsätt vaniljextraktet och blanda tills det blandas.
d) Tillsätt gradvis mjöl och salt, blanda tills en deg bildas.
e) Kavla ut degen på en lätt mjölad yta till ca ¼ tum tjocklek.
f) Använd kakformar för att skära ut önskade former och placera dem på den förberedda bakplåten.
g) Grädda i den förvärmda ugnen i 12-15 minuter, eller tills kanterna är lätt gyllene.
h) Låt kakorna svalna på galler.

68.Jordgubbe Eton Mess

INGREDIENSER:
- 4 marängbon, krossade
- 2 koppar färska jordgubbar, skalade och skivade
- 1 kopp tung grädde
- 2 matskedar strösocker

INSTRUKTIONER:

a) Vispa ihop grädden och strösockret i en bunke tills det bildas mjuka toppar.

b) Vänd försiktigt ner de krossade marängbonen och skivade jordgubbar.

c) Häll upp blandningen i portionsglas eller skålar.

d) Valfritt: Garnera med ytterligare skivade jordgubbar eller myntablad.

e) Servera genast och njut!

69.Passionsfrukt Posset

INGREDIENSER:
- 300 ml Dubbelkräm
- 75 gram strösocker
- 1 citron
- 2 passionsfrukt
- Choklad; kex, att servera

INSTRUKTIONER:

a) Häll grädden och sockret i en kastrull och låt koka upp under omrörning tills sockret lösts upp.

b) Riv skalet från citronen och rör ner i pannan med saften.

c) Rör om i någon minut tills blandningen tjocknar och ta sedan bort från värmen.

d) Halvera passionsfrukten, ös ner fröna och pulpa till posset. Rör om väl och häll upp i två skaftade vinglas.

e) Kyl och kyl sedan tills det stelnat.

70.Klassisk Banoffee På

INGREDIENSER:
FÖR SKORPA:
- 1 1/2 koppar graham cracker smulor
- 1/2 kopp osaltat smör, smält

FÖR FYLLNING:
- 2 (14-ounce) burkar sötad kondenserad mjölk (för dulce de leche)
- 3 stora mogna bananer, skivade
- 2 koppar vispad grädde
- Chokladspån (valfritt)

INSTRUKTIONER:
a) För att göra dulce de leche, placera oöppnade burkar med sötad kondenserad mjölk i en stor kastrull med sjudande vatten i cirka 3 timmar. Se till att hålla burkarna helt nedsänkta i vatten hela tiden. Låt dem svalna helt innan de öppnas.
b) Blanda grahamssmulorna och det smälta smöret i en skål. Tryck ut denna blandning i botten av en pajform för att skapa skorpan.
c) Bred ut den avsvalnade dulce de leche över skorpan.
d) Lägg de skivade bananerna över dulce de leche.
e) Toppa bananerna med vispad grädde.
f) Garnera med chokladspån, om så önskas.
g) Kyl pajen i kylen några timmar innan servering.

71.Banoffee Ostkaka

INGREDIENSER:

FÖR SKORPA:
- 1 1/2 koppar graham cracker smulor
- 1/2 kopp osaltat smör, smält

FÖR FYLLNING:
- 16 uns färskost, mjukad
- 1/2 kopp socker
- 1 tsk vaniljextrakt
- 2 mogna bananer, mosade
- 1/4 kopp dulce de leche
- 2 stora ägg

FÖR TOPPEN:
- 2 mogna bananer, skivade
- Vispgrädde
- Dulce de leche duggregn
- Riven choklad (valfritt)

INSTRUKTIONER:

a) Blanda grahamssmulor och smält smör, tryck sedan ner i botten av en springform för att skapa skorpan.

b) Vispa färskost till en jämn blandning i en stor skål. Tillsätt socker, vanilj, mosade bananer, dulce de leche och ägg och vispa tills det är väl blandat.

c) Häll Ostkakafyllningen över skorpan.

d) Grädda i 325°F (160°C) i ca 45-50 minuter eller tills stelna. Låt den svalna och kyl.

e) Före servering, lägg till bananskivor, vispad grädde, en klick dulce de leche och riven choklad som pålägg.

72. Engelsk gul man

INGREDIENSER:

- 1 oz smör
- 8 oz farinsocker
- 1 lb gyllene sirap
- 1 dessertsked vatten
- 1 tsk vinäger
- 1 tsk bikarbonat läsk

INSTRUKTIONER:

a) Smält smöret i en kastrull och tillsätt sedan socker, gyllene sirap, vatten och vinäger.
b) Rör om tills alla ingredienser smält.
c) Rör i bikarbonat av läsk, när blandningen skummar upp häll på en smord, värmesäker bricka, vänd i kanterna med en palettkniv.
d) När den är tillräckligt kall för att hantera, dra med smörade händer tills den är blek i färgen.
e) När den är helt härdad, bryt i grova bitar och nu är din Yellow Man redo att ätas.

73.Fudge Pudding Med Hasselnötter Och Frangelico Grädde

INGREDIENSER:

- 150 g (5 oz/1 1/4 sticks) osaltat smör, plus extra för smörjning
- 150 g (5 oz) choklad av god kvalitet (jag använder 52 % kakaofastämnen)
- 1 tsk vaniljextrakt
- 150 ml (5fl oz/generös 1/2 kopp) varmt vatten
- 100 g strösocker
- 4 ekologiska frigående ägg
- 25 g (1 oz/1/5 kopp) självhöjande mjöl
- florsocker, att pudra
- 225 ml (8fl oz/1 kopp) mjukvispad grädde eller crème fraiche blandat med 1 matsked (1 amerikansk matsked + 1 tesked) Frangelico hasselnötslikör
- några rostade hasselnötter, grovt hackade

INSTRUKTIONER:

a) Värm ugnen till 200°C/400ºF/Gas Mark 6 och smörj en pajform på 1,2 liter (2 pint) med lite smör.

b) Hacka chokladen i små bitar och smält med smöret i en Pyrexbunke över en kastrull med varmt, men inte sjudande, vatten. Så snart chokladen har smält, ta bort skålen från värmen och tillsätt vaniljextraktet. Rör ner det varma vattnet och sockret och blanda till en slät smet.

c) Separera äggen och vispa ner äggulorna i chokladblandningen. Vänd sedan i det siktade mjölet, se till att det inte finns några klumpar.

d) Vispa äggvitorna i en separat skål tills det bildas styva toppar och vik sedan försiktigt ner dem i chokladblandningen. Häll chokladblandningen i den smörade formen.

e) Lägg skålen i en bain-marie och häll i tillräckligt med kokande vatten för att komma halvvägs upp på skålens sidor. Grädda i 10 minuter. Sänk sedan temperaturen till 160°C\325°F\Gas Mark 3 i ytterligare 15–20 minuter eller tills puddingen är fast på toppen, men fortfarande mjuk och fluffig undertill och fräsig i botten.

f) Ställ åt sidan för att svalna något innan du pudrar med florsocker. Servera varm eller kall beströdd med rostade hasselnötter med Frangelico-grädde eller crème fraîche vid sidan av.

74. Stekt rabarber

INGREDIENSER:

- 1 kg (2 1/4 lb) röd rabarber
- 200–250 g (7-9 oz) strösocker
- 2-3 tsk färska hackade örter
- glass, labneh eller tjock Jerseygrädde, att servera

INSTRUKTIONER:

a) Putsa rabarberstjälkarna om det behövs. Skiva rabarbern i 2,5 cm (1 tum) bitar och arrangera i ett enda lager i en 45 x 30 cm (18 x 12 tum) icke-reaktiv ugnsfast form. Strö sockret över rabarbern och låt jäsa i 1 timme eller mer tills saften börjar rinna.

b) Värm ugnen till 200°C/Gasmark 6.

c) Täck rabarbern med en plåt med bakplåtspapper och rosta i ugnen i 10–20 minuter, beroende på tjockleken på stjälkarna, tills rabarbern är precis mjuk. Håll ett öga på rabarbern då den kan sönderfalla väldigt snabbt

d) Servera varm eller kall med glass, labneh eller tjock jerseycreme.

75. Carrageen Moss Pudding

INGREDIENSER:
- 3 matskedar färsk karragen
- 4 koppar mjölk
- 2 äggulor
- 2 msk honung, plus extra att servera
- bipollen, att servera (valfritt)

INSTRUKTIONER:
a) Tvätta karragenen om den används färsk eller rehydrera om den används torkad, följ instruktionerna på förpackningen . Värm mjölken med karragenen i en medelstor panna på medelhög värme.
b) Vispa ihop äggulor och honung i en liten skål, häll sedan äggblandningen i mjölken och rör om i cirka 10 minuter tills den tjocknar.
c) Häll upp i formar eller skålar och ställ i kylen några timmar tills det stelnat.
d) För att servera, ringla över lite extra honung och strö över lite bipollen, om du använder.

76.Bröd Och Smör Pudding

INGREDIENSER:

- 1 ¾ matskedar mjölk
- 250 ml/8 fl oz (1 kopp) dubbel (tung) grädde
- 1 tsk mald kanel
- nyriven muskotnöt, efter smak
- 3 ägg
- 75 g/2. oz (./. kopp) strösocker (superfint).
- 50 g/2 oz (4 matskedar) smör, plus extra för smörjning
- 10 skivor mjukt vitt bröd
- 75 g/2. oz (. kopp) sultanas (gyllene russin)
- florsocker (konditorer), för att pudra

INSTRUKTIONER:

a) Smörj en ugnssäker form.
b) Häll mjölken och grädden i en liten kastrull på medelvärme och tillsätt kanel och muskotnöt. Koka upp och ta sedan bort från värmen.
c) Vispa äggen med sockret i en bunke och häll blandningen över grädden. Rör om för att kombinera.
d) Smöra brödet på båda sidor och lägg skivorna i den förberedda skålen, i lager med sultanerna (gyllene russin). Häll vaniljsås över brödet och låt stå i 30 minuter.
e) Värm ugnen till 180C/350F/Gasmark 4.
f) Grädda puddingen i den förvärmda ugnen i 25 minuter tills den är gyllenbrun och vaniljsåsen har stelnat. Före servering pudra över lite florsocker (konditor).

77.Brända apelsiner

INGREDIENSER:

- 4 stora apelsiner
- 150 milliliter Söt vitt vin
- 1 msk smör
- 8 matskedar socker
- 300 milliliter Färskpressad apelsinjuice
- 2 msk whisky (värmd)

INSTRUKTIONER:

a) Skala apelsinerna försiktigt tunt. Ta sedan bort så mycket av kärnan och det vita skalet som möjligt med en vass kniv, och behåll apelsinerna intakta. Skär det tunna skalet i fina strimlor och täck med vinet.

b) Lägg apelsinerna i en ugnssäker form. Lägg lite smör ovanpå var och en, tryck försiktigt ner den, strö sedan en tesked socker över var och en. Sätt in i en 400F ugn i 10 minuter eller tills sockret karamelliserat.

c) Blanda under tiden apelsinjuicen med sockret i en kastrull och låt koka upp. Sänk värmen och låt den bli sirapslik, utan att röra om. Tillsätt apelsinskalet och vinblandningen och låt koka upp igen, koka sedan snabbt för att reducera och tjockna något.

d) Ta apelsinerna från ugnen och om de inte är helt brynta, lägg under en måttlig broiler i några minuter. Häll den uppvärmda whiskyn över dem och tänd den över värme. När lågorna slocknar, tillsätt apelsinsirapen och låt det puttra i cirka 2 minuter. Servera på en gång; eller så kan den serveras kall.

78.Engelsk gräddtårta

INGREDIENSER:
- 1 gul kakmix
- 4 ägg
- ½ kopp kallt vatten
- ½ kopp Engelsk Cream Liquor
- 1 förpackning Instant Vanilla Pudding Mix
- ½ kopp olja
- 1 kopp hackade rostade pekannötter

GLASYR
- 2 uns smör
- ½ kopp socker
- ⅛ kopp vatten
- ¼ kopp Bailey's Engelsk Cream

INSTRUKTIONER:
a) Blanda alla ingredienser, utom nötter, vispa tills det är väl blandat, rör ner nötter.
b) Häll i smord och mjölad 12 dl buntform och grädda vid 325F i 1 timme eller tills den är klar.
c) Koka kakan i 15 minuter och vänd upp på galler. Värm glasyringredienserna tills de smält. Gör hål i kakan med köttgaffel och pensla varm kaka med ½ glasyrblandning.
d) När kakan har kokat, pensla med resterande glasyrblandning.

79.Torsk Skomakare

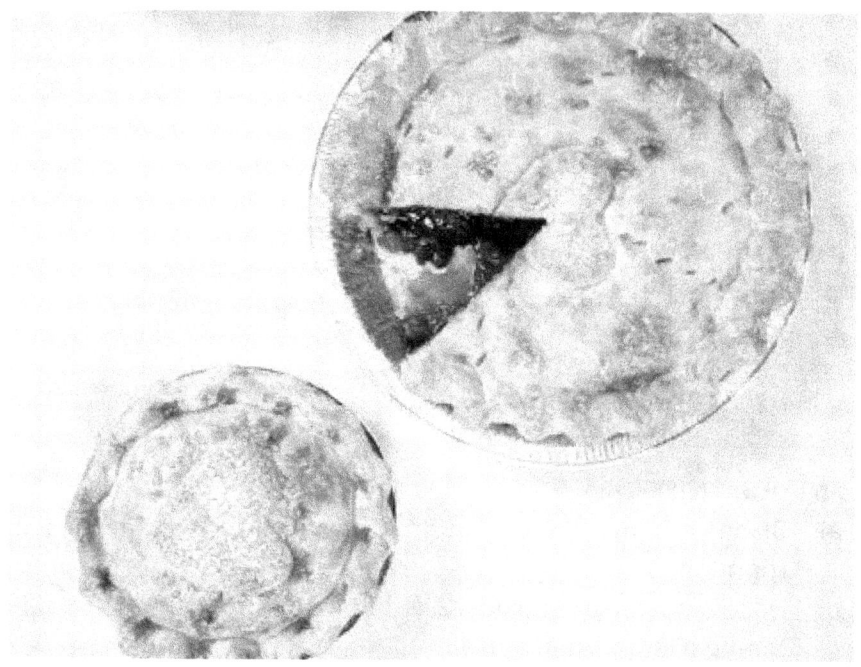

INGREDIENSER:

- 1½ pund skinnfria filéer av torsk
- 2 uns smör
- 2 uns mjöl
- ½ liter mjölk
- 3½ uns riven ost
- 2 uns riven ost (för scones)
- 2 uns smör (för scones)
- 1 tsk bakpulver (för scones)
- 1 nypa salt (till scones)
- 1 ägg (för scones)

INSTRUKTIONER:

a) Lägg torskfiléer i botten av en rund ugnsform. Gör en ostsås med 2 oz vardera av smör och mjöl, ½ l mjölk och 3½ oz riven ost: häll över fisken. Gör sedan sconedeg, gnid in 2 oz smör till 8 mjöl med 1 tsk bakpulver och en nypa salt.

b) Tillsätt 2 oz riven ost, helst mogen cheddar eller en blandning av det och parmesan.

c) Häll ner 1 äggula i blandningen och tillsätt tillräckligt med mjölk för att göra en smidig deg. Kavla ut till en tjocklek av ½ tum och skär i små rundlar med en sconeskärare.

d) Lägg dessa rundlar ovanpå såsen, så att de nästan täcker ytan; glasera dem med lite mjölk, strö lite mer riven ost över dem och grädda i en het ugn (450 F) i 25-30 minuter, tills sconesen är gyllenbruna.

80.Glaserad engelsk tekaka

INGREDIENSER:
- ¾ kopp osaltat smör rumstemperatur
- 1 kopp socker
- 2 tsk Vanilj
- 2 ägg
- 3 uns färskost
- ½ kopp konditorisocker, siktat rumstemperatur
- 1¾ kopp kakmjöl
- 1¼ tesked Bakpulver
- ¼ tesked salt
- 1 dl torkade vinbär
- ⅔ kopp Kärnmjölk
- 2 tsk färsk citronsaft

INSTRUKTIONER:

a) FÖRVÄRM UGNEN TILL 325F, med gallret i mitten av ugnen. Smörj generöst en 9-tums (7-kopps kapacitet) brödform. Pudra med mjöl; knacka pannan över diskbänken för att kasta överflödigt mjöl. Klipp en bit bakplåtspapper eller vaxat papper så att det passar botten på pannan. Avsätta.

b) FÖR TAKAN, använd en mixer för att grädda smör, socker och vanilj tills det är fluffigt. Tillsätt ägg, 1 i taget, vispa varje tills det blir fluffigt. Tillsätt färskost. Blanda tills det är väl blandat. Sikta mjöl, bakpulver och salt tillsammans. Lägg vinbär i en liten skål. Tillsätt ¼ kopp mjölblandning till vinbär. Rör om vinbär tills de är väl täckta.

c) Tillsätt resterande mjöl i smeten, omväxlande med kärnmjölk. Blanda tills det är slätt. Använd träslev för att röra i vinbär och allt mjöl.

d) Rör om tills det är väl blandat. Överför smeten till den förberedda pannan. Slät yta med spatel. Grädda tills den är välbrun och tandpetaren som sticks in i mitten kommer ut ren, ca 1 timme, 25 minuter.

e) Tårtan kommer att spricka på toppen. Låt kakan vila i formen i 10 minuter. Använd en flexibel metallspatel för att skilja kakan från sidorna av formen.

f) Ta försiktigt bort kakan från formen till kylstället. Bred glasyr på varm kaka. Låt kakan svalna helt. Kakan kan förvaras 3 dagar i rumstemperatur i folie.

g) Kakan kan även frysas upp till 3 månader, förpackad lufttät.

h) FÖR GLASERING, blanda socker och citronsaft i en liten skål. Rör om tills det är slätt.

81. Engelsk chokladkaka

INGREDIENSER:
- 1 ägg
- ½ kopp kakao
- 1 kopp socker
- ½ kopp olja
- 1½ kopp mjöl
- 1 tsk Soda
- ½ kopp mjölk
- ½ kopp varmt vatten
- 1 tsk vanilj
- ¼ tesked salt
- 1 Stick smör
- 3 matskedar kakao
- ⅓ kopp Coca cola
- 1 pund konditorsocker
- 1 kopp hackade nötter

INSTRUKTIONER:
a) Blanda socker och kakao, tillsätt olja och ägg, rör om väl. Kombinera salt och mjöl, tillsätt växelvis med flytande blandningar, blanda väl. Tillsätt vanilj.
b) Grädda i lagerformar eller kakformar i 350 grader i 30-40 minuter.
c) GLOR: Blanda smör, cola och kakao i en kastrull. Värm upp till kokpunkten, ta av brännaren, tillsätt socker och nötter och vispa väl. Bred på tårtan.

82.Engelsk Coffee Torte

INGREDIENSER:
- 2 dl osaltat smör
- 1 kopp socker
- ¾ kopp Starkt hett kaffe
- ¼ kopp engelsk gräddlikör
- 16 uns halvsöt mörk choklad
- 6 ägg; rumstemp
- 6 äggulor; rumstemp

INSTRUKTIONER:
a) Placera gallret i mitten av ugnen och förvärm till 325F. Smöra generöst 8" springform och klä botten med bakplåtspapper eller vaxat papper. Smöra och mjöla papperet.
b) Smält smör med socker, kaffe och sprit i en tjock 3-liters kastrull på låg värme, rör om tills sockret löst sig. Tillsätt choklad och rör till en slät smet. Avlägsna från värme.
c) Med en elektrisk mixer, vispa ägg och gulor i en stor skål tills tredubblas i volym och bildar band när de lyfts. Vispa ner i chokladblandningen.
d) Häll smeten i den förberedda pannan. Placera pannan på tjock bakplåt.
e) Grädda tills kanterna blåser och spricker något, men mitten är inte helt stel (cirka 1 timme). Övergrädda inte (kakan stelnar när den svalnar). Överför till galler och kyl. Täck över och kyl över natten.
f) Kör en liten vass kniv runt kakformens sidor för att lossa. Släpp försiktigt sidorna. Lägg upp på fat och servera i små portioner.

83.Engelsk Grädde FrystYoghurt

INGREDIENSER:
- 2 matskedar vatten
- 1 tsk gelatin utan smak
- 3 uns halvsöt choklad, grovt hackad
- ¾ kopp lättmjölk
- ¼ kopp Lätt majssirap
- ¼ kopp socker
- 3 matskedar Bailey's Engelsk Cream Liqueur
- 1 kopp Vanlig yoghurt med låg fetthalt utrörd
- 1 Äggvita
- ⅓ kopp vatten
- ⅓ kopp fettfri torrmjölk

INSTRUKTIONER:

a) Blanda 2 msk vatten och gelatin i en liten kastrull: låt stå i 1 minut. Rör om på låg värme tills gelatinet löser sig; avsätta. Blanda choklad, mjölk, majssirap och socker i en kastrull.

b) Koka och vispa på låg värme tills blandningen är slät. Rör i löst gelatinblandning; Häftigt. Tillsätt engelsk grädde och yoghurt.

c) Vispa äggvita, ⅓ kopp vatten och fettfri torrmjölk tills det blir hårt men inte torrt. Vänd ner i yoghurtblandningen. Frys in i glassmaskin enligt tillverkarens instruktioner; eller följ kyl-frys-instruktionerna som tidigare publicerats.

d) En touch av Engelsk Cream går ihop med choklad för en aptitretande omväxling av tempo.

84.Engelsk Kräm PumpaPå

INGREDIENSER:
- 1 9-tums pajskal (du äger eller fryst)
- 1 ägg, lätt uppvispat
- 1 kopp pumpa
- ⅔ kopp socker
- 1 tsk mald kanel
- 1 tsk vanilj
- ¾ kopp indunstad mjölk
- 8 uns färskost i rumstemperatur
- ¼ kopp socker
- 1 ägg
- 1 tsk vanilj
- 1 msk Baileys Engelsk Creme

INSTRUKTIONER:
a) Värm ugnen till 400D.
b) För pumpafyllning, kombinera alla ingredienser tills de är väl blandade och slät.
c) Avsätta. För Creme-fyllning, vispa ihop ost och socker till en jämn smet.
d) Tillsätt ägget och vispa tills det är väl integrerat. Tillsätt vanilj och engelsk creme, mixa tills det är slätt.
e) Att montera: Häll hälften av pumpablandningen i pajskalet. Skeda hälften av krämblandningen på pumpan. Upprepa med återstående fyllning.
f) Virvla försiktigt igenom en kniv för att skapa en marmoreffekt. Grädda i 400 i 30 minuter.
g) Sänk temperaturen till 350D och täck kanterna på skorpan om den brynar för snabbt.
h) Grädda i ytterligare 30 minuter. Pajen ska vara pösig i mitten och kan ha en eller två sprickor ovanpå.
i) Ta bort från ugnen och svalna helt. Den kan kylas och vispad grädde jämnas över toppen.

DRYCK

85.Pimm's Cup

INGREDIENSER:
- 2 oz Pimm's No. 1
- 4 oz lemonad
- Gurka skivor
- Jordgubbsskivor
- Myntablad
- Isbitar

INSTRUKTIONER:
a) Fyll ett glas med isbitar.
b) Häll i Pimm's No. 1.
c) Tillsätt lemonaden och rör om försiktigt.
d) Garnera med gurkskivor, jordgubbsskivor och myntablad.
e) Rör om igen och njut av den uppfriskande smaken av en Pimm's Cup.

86. Fläderblomma Fizz

INGREDIENSER:
- 2 oz fläderblomma
- 4 oz mousserande vatten
- Isbitar
- Citronvrida (för garnering)

INSTRUKTIONER:
a) Fyll ett glas med isbitar.
b) Häll i fläderblomshjärtan.
c) Toppa med kolsyrat vatten.
d) Rör om försiktigt för att kombinera.
e) Garnera med en vrida av citron.

87.Gin och tonic med en vrida

INGREDIENSER:
- 2 uns gin
- 4 oz tonic vatten
- enbär
- Apelsinskal (för garnering)
- Isbitar

INSTRUKTIONER:
a) Fyll ett glas med isbitar.
b) Häll i ginen.
c) Tillsätt tonicvatten och rör om försiktigt.
d) Garnera med några enbär och en vrida av apelsinskal.
e) Smutta på och njut av den uppgraderade Gin och Tonic-upplevelsen.

88.Svartvinbär Cordial Sparkler

INGREDIENSER:
- 2 oz svartvinbärsfrukt
- 4 oz sodavatten
- Färska svarta vinbär (för garnering)
- Isbitar

INSTRUKTIONER:
a) Fyll ett glas med isbitar.
b) Häll i svartvinbärshjärtan.
c) Toppa med sodavatten och rör om försiktigt.
d) Garnera med färska svarta vinbär.
e) Njut av det livfulla och sprudlande Blackcurrant Cordial Sparkler.

89.Earl Grey Martini

INGREDIENSER:
- 2 uns gin
- 1 oz Earl Grey te (kylt)
- 0,5 oz enkel sirap
- Citronvrida (för garnering)
- Isbitar

INSTRUKTIONER:
a) Brygg en kopp Earl Grey-te och låt det svalna.
b) Fyll en shaker med isbitar.
c) Tillsätt gin, kylt Earl Grey-te och enkel sirap till shakern.
d) Skaka väl och sila upp i ett martiniglas.
e) Garnera med en vrida av citron.

90.Engelskt kaffe

INGREDIENSER:
- 1½ uns. Bushmills Black Bush engelsk whisky
- ½ uns. enkel sirap
- 2 skvätt apelsinbitter
- GARNERING: orange vrida

INSTRUKTIONER:
a) Vispa.
b) Sila i stenglas över färsk is. Garnera med apelsin vrida.

91. Campbells Ginger

INGREDIENSER:
- 1½ uns. Bushmills Black Bush engelsk whisky
- 4 oz. ingefära öl
- GARNERING: limeklyfta

INSTRUKTIONER:
a) Tillsätt Bushmills Black Bush Engelsk Whisky till ett isfyllt Collinsglas.
b) Toppa med ingefärsöl. Garnera med limeklyfta.

92.Klassiskt engelskt kaffe

INGREDIENSER:
- ¼ kopp kyld vispgrädde
- 3 tsk socker
- 1⅓ kopp varmt starkt kaffe
- 6 matskedar (3 oz.) engelsk whisky

INSTRUKTIONER:

a) Häll vispgrädde och 2 tsk socker i en medelstor skål. Vispa tills grädden håller fasta toppar. Kyl krämen upp till 30 minuter.

b) Värm 2 engelska kaffeglas (små glasmuggar med handtag) eller värmebeständiga glas med skaft genom att rinna mycket varmt vatten i dem. Torka snabbt.

c) Häll ½ tesked socker i varje varmt glas. Häll i hett kaffe och rör om så att socker löser upp. Tillsätt 3 matskedar engelsk whisky till varje. Skeda kyld grädde över kaffet i varje glas och servera.

93.Kaffe-Äggnugg Punch

INGREDIENSER:
- 2 liter kyld äggnock
- ⅓ kopp Farinsocker; fast packad
- 3 matskedar snabbkaffegranulat
- ½ tesked kanel
- ½ tsk Muskotnöt
- 1 kopp engelsk whisky
- 1 liter kaffeglass
- Sötad vispgrädde
- Nyriven muskotnöt

INSTRUKTIONER:
a) Kombinera äggnöt, farinsocker, snabbkaffe och kryddor i en stor mixerskål; vispa på låg hastighet med en elektrisk mixer tills sockret lösts upp.
b) Kyl 15 minuter; rör om tills kaffegranulat löser sig och rör ner whisky.
c) Täck och kyl i minst 1 timme.
d) Häll upp i stansskål eller enskilda koppar, lämna tillräckligt med plats för glass.
e) Skeda i glass.
f) Garnera varje portion efter önskemål med vispad grädde och muskotnöt.

94.Kahlua kaffe

INGREDIENSER:
- 2 oz. Kahlua eller kaffelikör
- 2 oz. Engelsk whisky
- 4 koppar varmt kaffe
- 1/4 kopp vispgrädde, vispad

INSTRUKTIONER:
a) Häll ett halvt uns kaffelikör i varje kopp.
b) Tillsätt ett halvt uns engelsk whisky till varje kopp.
c) Häll i rykande nybryggt hett kaffe, rör om.
d) Häll två råga matskedar vispad grädde ovanpå varje.
e) Servera varm, men inte så varm att du bränner på läpparna.

95.Baileys engelska cappuccino

INGREDIENSER:
- 3 oz. Bailey's Engelsk Cream
- 5 oz. Varmt kaffe -
- Konserverad dessert topping
- 1 skv muskotnöt

INSTRUKTIONER:
a) Häll Bailey's Engelsk Cream i en kaffemugg.
b) Fyll på med varmt svart kaffe. Toppa med en enda spray av desserttoppning.
c) Pudra desserttoppningen med en klick muskotnöt

96.Bra gammal engelska

INGREDIENSER:
- 1,5 uns engelsk gräddlikör
- 1,5 uns engelsk whisky
- 1 kopp varmbryggt kaffe
- 1 msk vispad grädde
- 1 skvätt muskotnöt

INSTRUKTIONER:
a) Kombinera engelsk grädde och The Engelsk Whiskey i en kaffemugg.
b) Fyll mugg med kaffe. Toppa med en klick vispgrädde.
c) Garnera med ett stänk muskotnöt.

97.Bushmills kaffe

INGREDIENSER:
- 1 1/2 uns Bushmills engelsk whisky
- 1 tsk farinsocker (valfritt)
- 1 streck Crème de menthe, grön
- Extra starkt färskt kaffe
- Vispgrädde

INSTRUKTIONER:
a) Häll whisky i den engelska kaffekoppen och fyll till 1/2 tum från toppen med kaffe. Tillsätt socker efter smak och blanda. Toppa med vispad grädde och ringla crème de menthe över.
b) Doppa kanten av koppen i socker för att täcka kanten.

98.Svart engelskt kaffe

INGREDIENSER:
- 1 kopp starkt kaffe
- 1 1/2 oz. Engelsk whisky
- 1 tsk socker
- 1 msk vispad grädde

INSTRUKTIONER:
a) Blanda kaffe, socker och whisky i en stor mikrovågsmugg.
b) Mikrovågsugn på hög 1 till 2 minuter . Toppa med vispad grädde
c) Var försiktig när du dricker, kan behöva en stund för att svalna.

99.Rom kaffe

INGREDIENSER:
- 12 oz. Färskmalet kaffe, gärna chokladmynta, eller schweizisk choklad
- 2 oz. Eller mer 151 Rom
- 1 stor skopa vispad grädde
- 1 oz. Baileys Engelsk Cream
- 2 msk chokladsirap

INSTRUKTIONER:
a) Nymalt kaffet.
b) Brygga.
c) Lägg 2+ oz i en stor mugg. av 151 rom i botten.
d) Häll det varma kaffet i muggen 3/4 av vägen upp.
e) Tillsätt Bailey's Engelsk Cream.
f) Vispa.
g) Toppa med den färska vispgrädden och ringla över chokladsirapen.

100. Whiskey Shooter

INGREDIENSER:
- 1/2 dl skummjölk
- 1/2 koppar vanlig yoghurt med låg fetthalt
- 2 tsk socker
- 1 tsk snabbkaffepulver
- 1 tsk engelsk whisky

INSTRUKTIONER:
a) Lägg alla ingredienser i en mixer på låg hastighet.
b) Mixa tills du kan se att dina ingredienser är införlivade i varandra.
c) Använd ett högt skakglas för presentation.

SLUTSATS

När vi avslutar vår kulinariska resa genom " Englands Kompletta Regional Kokning ", hoppas vi att du har upplevt rikedomen och mångfalden i Englands kulinariska gobeläng. Varje recept på dessa sidor är en hyllning till de unika smakerna, traditionella rätterna och regionala specialiteter som har prydt engelska bord i generationer – ett bevis på de beprövade och autentiska recepten som definierar landets gastronomiska identitet.

Oavsett om du har njutit av värmen från cornish piroger, omfamnat fluffigheten i Yorkshire-puddingar eller njutit av sötsaker inspirerade av regionala bakverk, litar vi på att dessa recept har väckt din uppskattning för de olika och älskade smakerna av engelsk matlagning. Utöver ingredienserna och teknikerna, kan " Englands Kompletta Regional Kokning " bli en källa till inspiration, koppling till tradition och en hyllning till glädjen som kommer med varje autentisk maträtt.

När du fortsätter att utforska världen av engelsk regional matlagning, må denna kokbok vara din pålitliga följeslagare, som guidar dig genom en mängd olika recept som visar upp rikedomen och mångfalden i Englands kulinariska arv. Här är det till att njuta av de autentiska smakerna i varje region, återskapa beprövade rätter och omfamna läckerheten som kommer med varje tugga. Glad matlagning!